游遍
内蒙古

田宏利◉编著

内蒙古出版集团　内蒙古人民出版社

图书在版编目 (CIP) 数据

请到草原来：游遍内蒙古 / 田宏利编著 .—呼和浩特：内蒙古
人民出版社，2014.7
ISBN 978-7-204-12983-6

Ⅰ . ①请…　Ⅱ . ①田…　Ⅲ . ①旅游指南—内蒙古　Ⅳ .
① K928.926
中国版本图书馆 CIP 数据核字（2014）第 144057 号

请到草原来：游遍内蒙古

编　　著	田宏利
摄　　影	田宏利　张振北
选题策划	马燕茹
责任编辑	马燕茹　樊志强
封面设计	马东源
出版发行	内蒙古出版集团　内蒙古人民出版社
地　　址	呼和浩特市新城区新华大街祥泰大厦
网　　址	http://www.nmgrmcbs.com
印　　刷	内蒙古爱信达教育印务有限责任公司
开　　本	720×1000 1/16
印　　张	20.75
字　　数	300 千
版　　次	2014 年 8 月第 1 版
印　　次	2014 年 8 月第 1 次印刷
印　　数	1—4000 册
书　　号	ISBN 978-7-204-12983-6/G · 2819
定　　价	68.00 元

图书营销部联系电话：（0471）4972001　4972092
如发现印装质量问题，请与我社联系，联系电话：（0471）4971562　4971659

马背金鞍上的魅力草原

人这一辈子，就是一场修行，短的是旅行，长的是人生。

旅行，能让你遇到那个更好的自己——

——郭子鹰《最好的时光在路上》

在中华人民共和国的版图上，有一片狭长而辽阔的土地，形似马背上的金色鞍鞯，呈弧形斜卧在祖国的北疆，这就是美丽富饶的内蒙古自治区。

内蒙古东起茫茫的兴安岭，西至浩瀚戈壁阿拉善，东西直线距离为 2400 多千米，国界线长达 4221 千米，是我国东西跨度最大的省级行政区。当阳光洒满东部的小城满洲里时，西部的沙漠瀚海

阿拉善，还要经过两个小时才能从沉睡中醒来。

自治区境内地域辽阔，地形多样。大兴安岭、阴山、贺兰山由东北向西南蜿蜒相连，把内蒙古分割成若干个高原、平原、山地等地貌单元。跌宕起伏的山脉、连绵无尽的丘陵、阡陌纵横的平原、雄浑苍凉的沙漠，相间排列，错落有致，构成了内蒙古整体地貌丰富多彩，气象万千的壮丽画卷。

山脉和河流是文明兴起的源地，内蒙古地区广泛分布的山脉与河流也是草原文明诞生的摇篮。高耸的大兴安岭、贺兰山、大青山，奔腾不息的额尔古纳河、西拉木伦河、克鲁伦河，历来就是草原先民休养生息，储备力量的地方。

这里的草原博大而苍茫，在零星的蒙古包映衬下，天空纯净明亮，草地辽阔壮丽，牧马牛羊成群，更不用说那草原上性情豪爽，热情好客的牧民，对久居都市的人们来说，这里的一切，都是那么的遥远而亲切。

内蒙古自治区与新疆维吾尔自治区、甘肃省、宁夏回族自治区、陕西省、山西省、河北省、辽宁省、吉林省、黑龙

江省邻界。全区下辖呼和浩特、包头、乌海、赤峰、通辽、鄂尔多斯、呼伦贝尔、乌兰察布、巴彦淖尔 9 个市，兴安、阿拉善、锡林郭勒 3 个盟。

原增添了淳朴自然的神韵。

内蒙古境内的人文古迹和自然景观众多，分布范围极广，名胜古迹如呼和浩特市的五塔寺、大召、昭君墓、席力图召、乌素图召、白塔，包头市的五当召、美岱召、伊金霍洛旗

内蒙古北部边界与蒙古、俄罗斯接壤，是我国跨经度最大的省份，其地理位置的特殊性决定了境内旅游资源的丰富多样。内蒙古最吸引人的是当地独特的自然风光，境内同时并存有大面积的草原和沙漠。其北部草原居全国牧场之首，呼伦贝尔大草原、中部的锡林郭勒草原、希拉穆仁草原都是感受草原风光的好去处。

沙漠主要分布在西部地区，比较著名的有巴丹吉林沙漠、腾格里沙漠、库布齐沙漠的响沙湾等。而以蒙古族为主体的少数民族风情民俗，更为内蒙古草

的成吉思汗陵园、阿拉善左旗的延福寺，赤峰市的辽上京、辽中京、大明塔，鄂伦春自治旗的嘎仙洞等。

马背毛毯上的魏力草原

大兴安岭的莽林风光，吸引着无数国内外游客。蒙古长调，呼麦，安代等蒙古族歌舞，是世界文化艺术宝库中的灿烂明珠，赛马、摔跤、射箭被视为蒙古族的"男儿三艺"，蜚声中外。

传统的那达慕常常把中外游客带进浓烈的兴趣之中。内蒙草原，鲜碧如画，一望无际，"蓝蓝的天上白云飘，白云下面马儿跑"的动人歌声即是其生动写照。草

无论在世界上的哪一个角落，日出，都不过是两个星球之间的相对移动，人们之所以感受到不同，是因为人们在同一时刻各自遭逢的际遇和心情，改变了那一刻的气场浓度，和感觉的温度。

旅行，就是那个让一切发生的理由——

——摘自郭子鹰《我喜欢路上的自己》

对聚居的民族有蒙古族、汉族、满族、回族、达斡尔族、朝鲜族、鄂温克族、鄂伦春族8个民族。少数民族人口约占自治区总人口的五分之一。其中最具民族地域特色的当属——蒙古族，鄂伦春族，鄂温克族和达斡尔族了。

无垠的北方草原，自古就是众多少

原、古迹、沙漠、湖泊、森林、民俗"六大奇观"，已经构成了区内目前最为独特的旅游胜景。内蒙古地区很早以来就是我国北方少数民族生息和活动的中心地域，民族团结的历史源远流长，自治区境内共有49个民族，其中人口较多又相

数民族繁衍生息之地。"蒙古"原是我国北方草原上一个游牧部落的称谓，唐代系室韦联盟诸部之一。

7世纪初，从额尔古纳河岸幽深的密林里走出来的蒙古族先民，在漫长的历史岁月中，自力更生，艰苦创业，不等不靠，奋发图强，终于在13世纪初，创造了世界空前辉煌。即使是21世纪的今天，这个茫茫草原上人口最多的少数民族，还是给人以太多的遐想：住着蒙

古包，出门就骑马，最擅长的就是手里握着长长的套马杆，追逐着奔腾的马群，驰骋于辽阔的大草原。这样的情境，仍是外面的朋友对"一代天骄"成吉思汗的后裔们在现代生活中的画面定格和固执想象。

蒙古族是一个拥有悠久历史、灿烂文化的民族。自13世纪以来，蒙古族对于中国、亚洲，乃至世界历史的发展均发挥了重要作用。大窑文化、红山文化和山林文化、狩猎文化、游牧文化造就了蒙古族独特的民俗风情、优美的音乐以及婀娜多姿的舞蹈艺术。所以，只用生猛强悍、骁勇善战来整体概括蒙古民族的气质是不确切的。

随着经济的发展和收入的增加，蒙古族牧民逐渐告别了延续千百年的游牧生活，实现了定居轮牧，砖瓦房代替了蒙古包，开始了发展集约化草原畜牧业的新生活。蒙古族素有"马背民族"之称，如今骏马已淡出了他们的生活，摩托、汽车成为蒙古族牧民的新坐骑。生活发生了翻天覆地的变化，但蒙古族的风俗依然特色鲜明。节日里，蒙古人会身着艳丽的蒙古袍；来了客人，总是放歌敬酒，热情豪爽的民族性格令人难忘。

马背云裙上的魅力草原

源远流长的草原赞歌，是蒙古族人的柔软心声。蒙古长调、呼麦、安代舞是蒙古族人特有的歌唱和舞蹈方式，蒙古长调被联合国教科文组织定为"人类口头和非物质遗产代表作"。在草原上驰骋的血性豪放的蒙古族人，在音乐和舞蹈中寄放了自己温和的心灵。

蒙古族一年之中最大的节日，相当于汉族春节的年节，亦称"白月"。据说与奶食的洁白有关，含有祝福、吉祥、如意的意思。节日的时间和春节大致相符。除夕那天，家家都要吃手扒肉，也要包饺子、烙饼。初一的早晨，晚辈要向长辈敬"辞岁酒"。在锡林郭勒盟民间，除过年节外，还在每年的夏天过"马奶节"。节前家家要宰羊做"手扒羊肉"或"全羊宴"，还要挤马奶酿酒。节日的当天，每个牧民家都要拿出最好的奶干、奶酪、奶豆腐等奶制品摆在盘子里，用以招待客人，"马奶酒"被认为是最为圣洁的饮料，是一定要献给尊贵的客人的。招待客人最隆重的是"全羊宴"，

"烤全羊"过去多用来进行祭典或祭敖包时才用，现在已成为盛大节庆或迎接贵宾的特殊菜肴。

"祭敖包"是蒙古族的古老习俗，当你漫步于空旷的大草原上，远远就会看见在一些山峰上、丘冈旁高耸着的圆锥形石堆，还有那飘动的彩带和柳枝。这就是神圣的"敖包"——草原上的人们与大自然沟通心灵的标志。

"敖包"是蒙古语音译，蒙古语是"堆子"的意思，最初是道路和地界的标志，起指路、辨别方向的作用。蒙古族祭祀"敖包"，有各种传说。有说"敖包"就是神的化身，有说是代表山神，有说是代表水神、龙神的，也有说是代表庙神或祖先的。还有的说，蒙古族祭"敖包"，来源于藏族。藏族有个风俗，就是在石板上刻上佛教的"唵嘛呢叭咪吽"六字真言，放在山里，以后人们路过此地，就怀着虔诚的心情，叩头礼拜，祈求行路平安，不许高声喧哗，并向它抛一块石头。天长日久，逐渐堆得高大起来，

人们又在上面插上"经幡"之类的东西，就形成了一个"嘛呢堆"。蒙古族信仰喇嘛教以后，也采取这种形式，并称这种乱石垒砌的石堆为"敖包"。

由于蒙古族牧民各地区的风俗习惯不同，祭"敖包"的形式各异。一般都是在夏历五月下旬至六月上旬，有的地方在七八月份。祭祀时，非常隆重、热烈，几十里、上百里远的牧民们都要坐着"勒车"、骑马或乘汽车、拖拉机带着祭品赶来。在有条件的地方，还要请上喇嘛，穿起法衣，戴上法帽，摆成阵势，焚香点火、诵经。祭礼仪式上，主祭喇嘛坐在"敖包"前摆满供品的长方形桌子后，手捻法珠，念念有词；两侧有两个中年喇嘛坐在"敖包"前手持大型法号，其他喇嘛毕恭毕敬，跪在他的前边，牧民群众围跪在三个方向，面向主祭喇嘛。当主祭喇嘛发出祭祀开始的经令，法号奏出深沉粗犷的音调，众喇嘛和牧民双手作揖念咒。最后，参加祭祀的都要围绕敖包从左向右绕三圈，祈求降福，保佑人畜两旺，并将带来的祭品牛奶、酒、奶油、点心、糖块撒向"敖

包"。

祭典仪式结束后，举行传统的赛马、射箭、摔跤、唱歌、跳舞等文体活动。

有的青年男女则偷偷从人群中溜出，登山游玩，倾诉衷肠，谈情说爱，相约再见的时日。这就是传说中的"敖包相会"了。现在，一些较大型的敖包祭典除传统的仪式和活动项目外，又增加了商品交易内容。如巴尔虎草原上的宝格德乌拉敖包祭典时，就形成了一个"草原集市"。

"那达慕"起源于13世纪初，在蒙古族人民生活中占有重要地位。那时候，

月份这一水草丰茂、牛羊肥壮的季节举行。春季"打马鬃"、"祭敖包"仪式之中、婚礼进行途中，都会展开规模不等、趣味迥异的各种比赛。一般进行五至七天。每逢此时的牧民们都会穿着崭新的节日服装，骑着马、赶着"勒勒车"，从四面八方汇集而来。在绿茵草地上搭起毡帐，熬奶茶煮肉。整个草原炊烟袅袅，人欢马叫，一片欢腾景象。

蒙古包是蒙古族人世代居住的地方，其实就是一个个游动的帐篷。因为蒙古族人以放牧为主要生活内容，逐水草而徙居，所以他们就创造出了这种搭建和

蒙古族的头领们每当举行大"忽力勒台"（大聚会）时，除了制定法规，任免官员，进行奖惩外，还要举行规模较大的"那达慕"。当时，"那达慕"的主要项目就是进行射箭、摔跤、赛马比赛。如今的"那达慕"已增加了物资交流、文艺演出等许多新内容。使这一传统的民族盛会，更加喜庆、吉祥、欢乐而富于实效。

"那达慕"在蒙古语意为"娱乐"或"游戏"之意，每年大致在农历七八

拆卸都很方便的蒙古包。

"勒勒车"是蒙古族的传统交通工具，历史十分悠久。车身多以桦木或榆木制成，重约百余斤，载重可达数百斤乃至上千斤。勒勒车的主要特征是车轮高大，最大的直径可达1.45米左右，这样设计的目的是为了在深草和积雪中行走方便。在草原上换季，牧民们搬家的时候，就可以看到一辆辆"勒勒车"在辽阔的草场上迤逦而行，构成独特的草

原一景。

"鄂伦春"是民族自称，其含义有两种解释，一是"住在山岭上的人们"，二是"使用驯鹿的人们"。

鄂伦春族生活的大、小兴安岭，是中国东北地区、黑龙江流域的两大山脉。大兴安岭由东北向西南，斜贯黑龙江省和内蒙古自治区，山高谷深、溪流纵横；小兴安岭沿黑龙江上游斜向东南，山势平缓。绵亘千里的兴安岭上，到处是茂密的原始森林，林中栖息着虎、熊、鹿、犴、狍、野猪、貂、狐狸、野鸡等珍禽异兽。河里游弋着鲑鱼、鳇鱼等鱼类。鄂伦春人世世代代就靠着一杆枪、一匹马、一只猎犬，一年四季追逐着獐狍野鹿，游猎在这茫茫的林海之中。直到20世纪50年代，他们才走出白桦林，走下兴安岭，开始半耕半猎的定居生活。20世纪90年代，兴安岭全面禁猎以后，狩猎活动才渐渐退出他们的生活。

鄂伦春族有自己的语言，无文字。其语言属阿尔泰语系满—通古斯语族通古斯语支。许多人还兼通汉语、鄂温克语、达斡尔语，通用汉文。

鄂伦春人的服饰别具特色，头戴狍头皮帽，身着狍皮衣裤，脚穿狍腿皮靴，这些皮制服装做得实用、美观，具有浓郁的民族特色。鄂伦春人穿的皮袍，男女式样基本相同，都是右大襟，男皮袍"尼罗苏恩"前后或左右开衩，女皮袍装饰美丽。春秋季的猎装较短，长到膝盖，夏季的狍皮毛很短，颜色发红，所以也叫"红毛皮衣"。雨天将旧冬衣毛朝外

穿，可以防水。男子穿的皮裤只到膝盖，腰间肥大。裤脚折起来用带子系住，塞进皮靴里。出野外时还要在外面穿上皮套裤。皮套裤是用耐磨的鹿、犴皮制作的，而且要刮掉毛，鞣制得非常软，这样，骑马打猎时不仅结实抗磨，而且灵巧方便。女皮裤是长的，比男裤稍瘦些，前面带兜肚，裤腰从左右向前折，系上腰带，这种裤子适合骑马、采集等活动。鄂伦春人的皮靴是用狍、鹿、犴的腿皮制作的，用结实的狍脖子皮或野猪皮、犴皮、熊皮做底，按不同的季节做得高、矮、薄、厚各不相同。穿这样的皮靴出猎，轻便暖和，走路没有声音，不易惊动野兽。

狍头皮帽"灭塔哈"是用狍头皮按

原状制作的，这是大人小孩都喜欢戴的帽子，它不仅抵御严寒，狩猎时还可以起到伪装作用，是鄂伦春族具有代表性的服饰。

适合狩猎使用的手套是"考胡落"，大拇指同四指分开，手掌留口。平时手在里面，射击时从掌心直接把手伸出来，非常方便。五指手套制作精美，常常是男女之间的定情物。

鄂温克族是我国北方古老民族之一。主要分布在中国东北黑龙江省讷河县和

内蒙古自治区。鄂温克意思是"住在大

山林里的人们"。大部分鄂温克人以放牧为生，其余从事农耕。驯鹿曾是鄂温克人唯一的交通工具，被誉为"森林之舟"。

鄂温克族有自己的语言但无文字。鄂温克牧民大多使用蒙古文，农民则广泛使用汉文。

鄂温克族信奉萨满教和喇嘛教，口头创作有神话、故事、歌谣、谜语等，

还善于用桦树皮刻剪成各种工艺品。

鄂温克族中的雅库特部落长期生活在大兴安岭密林深处，是我国唯一放养野生驯鹿的少数民族。

除春节等节日与邻近其他民族的节日一样外，鄂温克族还要在农历五月下旬择日举行"米调鲁节"。"米调鲁"是欢庆丰收之意。节日期间，人们要身着盛装，男人们要进行剪马鬃、马尾活动，届时牧民家家都要备下丰盛的酒肉，宴请亲朋好友。

鄂温克族是一个游动性很强的群体，特别是保持着古老传统，生活在森林之

中的猎人，他们一直保留着不定期游动的习惯。所以，鄂温克人的居室也完整地保留着古老的特征。

鄂温克把居室称为"柱"。古老的居室称为"斜仁柱"。"斜仁柱"是用木杆搭成的、可拆卸性帐篷，俗称为"撮罗子"。"斜仁柱"是由两部分组成，一部分是"柱"的支架，鄂温克语叫"希楞"，这是就地砍取落叶松的枝干仔细搭成的伞状架子。"柱"的架子需用三根主柱，即用三根上端有叉的细杆，鄂温克语叫"苏那"，叉相交斜立，呈圆锥形，再在立柱的间隔上搭20至30根辅助柱，这样基本构成了框架。杆子的总称叫"斜仁"。框架高约4米，直径3米。框架正端为门，门两侧的杆子叫"特翁"，内部中心稍偏近门处，埋一立柱"巧木卡"，杆的上端穿过"柱"的顶端。由这立杆向门的反向系一横杆"依嘎布佟"，是专为挂锅和吊壶用的。"斜仁柱"的第二部分是木架上的覆盖物，通常鄂温克人在夏季喜欢用专门缝制的桦树皮

围子苫盖，到了秋季气温下降的时候，改用特制的犴皮围子苫盖。围子一端系在门左侧的柱子上，另一端围在门的右柱，余下的部位，掀起来即为出入的门。门是开向日出的方向。犴皮苫盖宽约1米，长近8米。一般一个"斜仁柱"要用七块桦树皮苫盖。"斜仁柱"内，门的相对方向是"玛鲁"（神像）的位置，"柱"的中间是火堆的位置。按照习惯，男子可住在火位以北，女人住火位以南，通常女人不许到火位以北。家里主妇和未满15岁的女孩，可到"玛鲁"附近，但须取同一路线回来，即由哪里去，就从哪里回来。

有宾客来时，"斜仁柱"的主人，按照习惯，要把客人让到"玛鲁"神像的位置，也就是与门相对的位置就座。

"斜仁柱"也有一些禁忌，不允许在"斜仁柱"内对火堆绕行。女人只能在"斜仁柱"的左前扇形部位就座。

通常，猎人们要在"斜仁柱"内生火做饭，当挂壶烧火时，禁忌挂锅或用壶不稳，前后摇动。

鄂温克人"柱"内，除放置衣服被褥，食粮，炊具和妇女用的针线，刀子，斧子外，其他生活用品都放在外边。即在"柱"的两旁稍后处，设有驯鹿的鞍架子，鞍子整齐排列，鞍上搭着暂时不用或闲

置的物品，如米面、皮子，犴皮苦盖，小儿摇篮等。

达斡尔族居住在呼伦贝尔市。莫力达瓦达斡尔族自治区是其主要聚居地，在我国北方的少数民族中，达斡尔人较早结束游牧狩猎生活开始农业生产。如今农业是2万多达斡尔人的主要生产方式。

达斡尔族的村落大多坐落在依山傍水，风景秀丽的地方，房舍院落修建整齐，多用红柳，桦木杆或柞条编织的篱笆围起来。房屋脊突出，形成"介"字，故称"介字房"。达斡尔人传统习俗以西为贵，西屋为居室，内有南，西，北三面大炕相连，组成所谓的"蔓子炕"。

达斡尔人以过年为最隆重的节庆活动。农历腊月三十，白天要祭祖、扫墓、合家吃手扒肉给长辈敬酒磕头。除夕晚间，每家要在大门前点燃篝火，长者将大块肉等鲜美食物扔进火堆，表示对火神的敬奉，并祝人畜平安，五谷丰登；屋里要灯火通明，人们要通宵不眠。

正月初一清晨，各家要尽快吃完早饭，如拜年的人来了还没吃完，被认为是"堵住了饭碗"，意味一年不顺利。正月初一，妇女们要互物，外出作客不论男女，均须互相敬烟，对长辈，更得行"敬烟礼"。年初一延续赠礼至正月十六，其间，妇女们唱歌、跳舞、男子则玩"波依阔"（类似现代曲棍球）。

"波依阔"和现代曲棍球一样，可以在草地上进行比赛，亦可在夜间进行，

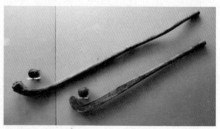

将木制的球内填充油质物，点燃后打火球，燃烧的火球在夜间东击西打、传来传去有如游龙戏珠，场面更加别致。

内蒙古地区有着独具特色的少数民族及宗教文化。古代的蒙古族人最早信仰萨满教。萨满教崇拜神灵，把世界分为三种：天堂在上，诸神居之；地为之中，人类居之；地狱在下，恶魔居之。而掌教的巫师则宣称自己集万能于一身，除了能役使鬼魅为人类祛除灾难外，还能占卜吉凶，预言祸福。他主持传统仪式，代氏族成员求儿、求女、求五谷丰登、人畜两旺，为氏族成员治病等。在早期，则参与解决部落的重大疑难问题，直至决定首领的继承，战争与和平等。成吉思汗就曾设置"别乞"（教长），专门管理萨满事务。17世纪以后黄教虽然传入蒙古地区，但萨满教的遗迹在蒙古族人的生活中仍然保存着，主要体现在以下几个方面：

祈祷的声音，渐渐响起。一声声往复回环，缭绕在耳边，是马头琴缠绵的旋律。

如辽远的空寂独奏，起于山涧，起于峰巅，落于云朵，落于诵读祷文的唇齿间。

虔诚，执念，祈愿。

蒙昧的向往，在岁月轮回中，颠覆生还。湛蓝的丽日晴空，端坐着一个玲珑的容颜。

她把千年的祈盼，遥望成久远的迷离。

把万年的守候，凝结成短暂的馨香……

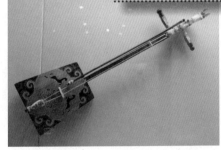

祭天 "祭腾格里"（即"天"）是各种祭祀活动中最重要的一种，在山丘等高处立木头或石堆等标记，以此代表"腾格里"。在每年春秋两季进行祭祀。立标的山丘被视作禁地，这是蒙古人中最普遍的祭天形式。祭天分"红祭"与"白祭"。"红祭"时用整羊或羊的心脏。随着黄教的广泛传播，"红祭"逐渐被废除，改为"白祭"。"白祭"主要指的是以酒和奶制品来祭祀。此外，祭天时指定一只羊为"供品"，但不把它宰杀，给它戴上"色得尔"（表示神

圣的记号，即给羊脖子上拴上彩色布条）后给天磕头。戴"色得尔"的羊是神圣的，是"腾格里"的财产，任何人不得冒犯，

不得宰杀，直至它自然死去。

祭地 祭地也是蒙古族人自然崇拜的一种。蒙古族人有"天父地母"之说，认为大地上有名的山川和奇特的草木都有自己的主神。蒙古族人把鲜奶和奶酒每天早晨洒向所在地

的山巅，表示致祭。蒙古族人非常崇敬具有奇特形状和颜色的山崖、丘陵及温泉，认为那里有精灵居住，因此祭祀它

们的同时，又禁止人们在那里砍柴，杀生和动土。

祭火 祭火也是蒙古族最古老的祭典之一。在新疆蒙古族人的日常生活中至今还保留着一些遗迹。在节日喜庆、婚丧大事上祭天、祭地之后就要祭火。点灯节（农历十月二十五日）就是祭火的一种表现，是典型的黄教活动中明显

糅合着萨满教的痕迹。

而今，萨满教独具特色的祭祀活动已经成为内蒙古少数民族地区旅游的一大亮点，吸引着无数中外游客前来观瞻。

藏传佛教从 13 世纪后期，在元世祖忽必烈的扶持下开始传入蒙古地区。但是，由于各方面条件限制，元朝统治时期，喇嘛教一直是以宫廷贵族信仰为主的宗教，元朝统治者崇奉喇嘛教，授予许多特权，抬举上层喇嘛，有的被封为帝师、国师，成为封建贵族阶级的一部分。但

由于未在广大蒙古族群众中间扎下根基，因而随着元朝政权统治的瓦解而逐渐消失。

16世纪后期，在阿勒坦汗的倡导和扶持下，喇嘛教在蒙古地区广泛传播和发展起来。阿勒坦汗的势力伸展到青海以后，他也仿照忽必烈的做法企图利用喇嘛教维护其统治，同第三世达赖喇嘛取得联系，使喇嘛教得以广泛传播，为以后的更大发展奠定了基础。从17世纪中期起，在清朝统治者和蒙古封建贵族的扶持下，喇嘛教在蒙古地区发展到鼎盛时期。经过200余年的传播和发展，其影响遍及整个蒙古社会的政治、经济、文化和思想领域，对蒙古社会的发展产生了重大影响，成为蒙古民族全民信仰的宗教。特别是清朝统治阶级征服蒙古地区以后，为了用喇嘛教麻醉和控制蒙古族人民群众，采取了全面保护、利用、奖励喇嘛教和"以政护教"，"以教固政"的政策，使喇嘛人数急剧增加，寺庙星罗棋布，形成"喇嘛众多、寺庙林立"的局面。至新中国成立前，内蒙古有近千座寺庙，5万多名喇嘛。

喇嘛教的广泛传播，不仅代替了内蒙古地区原有的萨满教，而且在政治、经济、思想、文化等多方面较大地影响

了蒙古族群众。新中国成立前喇嘛教的势力很大，成为封建贵族阶级统治人民群众的重要工具。特别是清朝统治时期，在政治上，赋予喇嘛教寺庙许多封建特权，上层喇嘛与王公贵族结合在一起，统治压迫劳动人民；在经济上，寺庙一般都有庙仓，占有大量牲畜、大片草场和耕地。对被它管辖的"阿拉巴特"（属民）和贫苦农牧民进行经济剥削。蒙古族人民的生产、生活和生老病死等各方面都受喇嘛的支配和约束，严重妨碍了蒙古民族人口的兴旺与经济、文化的发展。因此，喇嘛教在历史上，特别是清朝统治时期对蒙古族和社会的发展起了很大的消极作用。与此同时随着喇嘛教的传入，也进一步打开了蒙古、藏民族之间的文化交流。特别是堪称百科全书的《甘珠尔》、《丹珠尔》经卷的释译，客观上促进了蒙古民族的哲学、文学和蒙古医学的发展。此外，对清朝利用在蒙古地区发展藏传佛教以加强对藏区的军事威慑和政治笼络，对巩固中央政权、维护祖国统一起到了一定的积极作用。

清朝积极扶持藏传佛教，利用宗教加强对蒙藏地区的治理，这也是清朝治藏地区方略的重要内容。在蒙古地区，在推行"盟旗制度"的同时，为了强化宗教的影响力，兴建了一大批有影响力的寺庙，比如五当召、五塔寺、阿拉善延福寺等，这都是今天内蒙古藏传佛教旅游资源的一部分。

目前，内蒙古已经形成了以佛教景区、佛教寺庙、佛事活动为主要载体的佛教旅游资源，同时与各少数民族原生教萨满教有关的自然风光、人文景观和特色文化也都显示了强大的旅游功能与价值。

有一些风景触手可及，却往往被错过；有一些美好回忆，年深日久，也有了泛黄的色调。生命中总有一些遗憾，让人不得不唏嘘感叹。时光如梭，经历了成长，懂得了珍惜和感恩。终于知道，只要心中有阳光，每一天每一刻都是春暖花开。一朵凋零的花，会在下一个春天绽放。不算美丽的容颜，只要真诚温暖的笑容，仍然有一种赏心悦目的美感。

世间有万种风情，只需一双发现美的眼睛。

目录 //////

02 美丽的鹿城——包头

目录 /////

3

04

绿色净土——呼伦贝尔

目录 /////

06 西辽河上的安代之乡——通辽

目录 //////

塞外明珠——赤峰

08 天堂草原——锡林郭勒

目录 /////

09 清凉山水 避暑胜地——乌兰察布

富饶的粮川——巴彦淖尔

目录 /////

沙漠绿洲——乌海

12 令人神往的秘境——阿拉善

魅力青城

——呼和浩特

呼和浩特市所辖区域——

　　辖4个市辖区、4个县、1个旗，市政府驻新城区

◎新城区（成吉思汗大街街道）

◎回民区（钢铁路街道）

◎玉泉区（昭君路街道）

◎赛罕区（大学东路街道）

◎土默特左旗（察素齐镇）

◎托克托县（双河镇）

◎和林格尔县（城关镇）

◎清水河县（城关镇）

◎武川县（可可以力更镇）

呼和浩特

HUHEHAOTE

内蒙古自治区的首府城市（首府：即相当于国内其他省的省会城市）。

　　1581年，蒙古族土默特部的阿勒坦汗带领部众途经此地，看到这里北依阴山主脉，南望一马平川，水草丰茂，百兽出没，是一个休养生息的绝佳胜地。于是决定率部众在此处筑城而居，当时垒建城墙的墙砖，全部采用呼和浩特正北方的大青山上的青石，远远望去泛有青色，因而被称作"青色的城"，简称"青城"。呼和浩特原是蒙古语"库库和屯"的音译，"库库和屯"就是"青色的城"的意思。

　　呼和浩特虽然没有江南小桥流水的秀丽与婉约，却有着牧马阴山的自然与旷达；虽然没有陌上躬耕垅亩的精工细作，却有着驰骋草原的豪气干云；没有大都市的华美炫丽，却有向前行走的强力和内在的刚健。来过这里的外地人都说呼和浩特人淳朴、豪放、自然、执着、好客。原因很简单，因为他们生活在一个对雄鹰、骏马、苍天、火神有着强烈崇拜和对摔跤、赛马、射箭等竞技活动有强力追求的民族聚居地方，生活在一个出了世界级超级英雄成吉思汗成长和征战过的土地上，生活在充满刚健凌厉的精神的热土上，所有这一切孕育了这里的人民。不故弄风雅，不矫揉造作，在他们骨子里涌动着真实、率真和自然。这种民风与历史自然浑然天成，像高山大河，像鹰击长空，更像骏马驰骋。

呼和浩特的人文古迹众多，最为著名的古迹有藏传佛教文化的大召寺，五

塔寺，西汉古墓，昭君博物院，公主府和清代绥远将军衙署等。

但作为内地来呼和浩特的客人，则更加喜欢到附近的草原去体验那辽阔的草地和蒙古民族的风土人情，喜欢骑上骏马在草原上漫游，到那清清的湖边，寻访那原始的牧民家庭，品尝草原人民制作的特色餐饮，欣赏蒙古族特有的蒙古族舞蹈、马头琴的悠扬、动人的呼麦和蒙古族长调，也有怀着好奇与希望去祭祀敖包，向往那敖包相会的浪漫和美妙。

每年 4 至 10 月，是呼和浩特最佳旅游季节。要是去草原，最好是在 7 月中旬至 9 月初前往，这时的草原景致迷人，而且正好有一年一度的"那达慕"大会举行，届时，逛古召，登古塔，观赛马，骑马驰骋草原，其乐无比。

大召寺

DAZHAOSI

位于呼和浩特市旧城城区，蒙语称"伊克召"，意为"大庙"。汉名"无量寺"。

走进大召寺，令人刮目相看的也许不是大召寺的建筑规模和珍藏的佛教文物，而是隐藏在它背后凝重的历史。"先有大召寺，后有归化城"，大召寺的历史甚至比呼和浩特的历史还要早上几年。

大召寺当年建造之时就塑有一尊高2．5米的纯银佛像，故又称"银佛寺"。它是由明代蒙古土默特部落首领阿勒坦汗在呼和浩特筑城时主持修建的，是呼和浩特最早兴建的喇嘛教寺院，也是蒙古少有的不设活佛的寺院。这是因为当年康熙皇帝在平定噶尔丹叛乱之后路经此地在此小住，为了表示对当朝皇帝的尊敬，僧侣们取消了活佛转世的规定。也就是在那时，大召寺的主佛殿加供了皇帝万发金牌，并将殿顶改换成黄色琉璃瓦，大召遂成"帝庙"。

迈进大召寺泡钉包铜的门槛，时浓时淡的藏香气息，伴着时断时续的诵经声，仿佛把人带到了另一个时空。感觉眼前这座地处现代都市中的藏传佛寺，历经四百年的沧桑岁月，如今仍停留在那过往的时空里。虽然寺外早已改换了天地，但寺内经声依旧、香火不绝。

与寺外喧嚣的都市红尘不同，这寺内的石碑、红墙、经桶和佛堂，到处彰显着一种佛地神圣的气韵和净土肃穆的清幽。

大召的正殿是寺内的主要建筑，殿内挂满了红绸、黄绸和白绸围缚而成的幡幢，在两行矮榻的尽头就是康熙当年曾坐过的高大龙椅，用明黄色绸缎铺苫着。当年平定噶尔丹叛乱之后，康熙踌躇满志，就是在这里接受着臣民们的朝拜。在左侧就是康熙当年出征时所用的龙凤伞，虽然颜色几乎褪尽，但还能从其粗疏的轮廓中感受到它曾经的华美，彰显着当年康熙督师亲征、气吞山河的风采。

人说大召有三绝，银佛、龙雕和壁画。

穿过大殿的侧廊进入后殿，正中就供奉着释迦牟尼的银铸佛像，当年曾由三世达赖开光，用一吨半银铸就。在三世佛中，释迦牟尼为今世佛，在大召，把释迦牟尼铸为银佛，体现了对佛教修炼今生的敬重。龙雕就蟠在释迦牟尼像前高大的红柱上，用黄泥纸浆塑成，呈双龙戏珠格局。双龙自地面冲天而起，颇有神韵，历经数百年时光的侵蚀，如今仍栩栩如生、色彩艳丽。而大殿的墙壁上就是当时绘制的佛教典故壁画，它的颜料是从自然中提出的植物矿物颜料。据说，这三绝都是与大召寺、与呼和浩特城同龄

01

魅力边城——呼和浩特

的历史遗物，在大召寺的荫护下，历经四百载的光阴，与寺外的这座城市一路

走至了今天。

大召寺的建筑为藏汉结合式，总面积约三万平方米。分东、中、西三路，中间一路为主体建筑，山门位于南边，上悬"九边第一泉"匾额。相传康熙皇帝路经此地，人马皆渴，他的马能识别地下水源，由马引路，找到了八眼泉井，水质清甜。

大殿为木结构，与银佛均为明朝遗物。大殿内耸立着三尊高大的佛菩萨铸像，殿壁上有描写康熙私访明月楼的巨幅绘画。后面是四世达赖、土默特部蒙古人云丹嘉错和五世达赖的塑像，明清两佛像，木雕两佛像，木雕二龙戏珠，108部《甘珠尔经》以及铜铸镀金的各种

法器、药器等。经堂门前阶下，有明天启七年（1627）铸造的一对空心铁狮，昂首扬威，工艺水平高超。庭院中有一只清朝铸造的铁香炉，上刻蒙古工匠的姓名。

大召寺的佛事活动——

晾大佛 是大召一年中两次盛大的佛事活动。每年的农历正月十五和六月十五，大召都要将寺内珍藏的一幅长2丈、宽1.5丈的"迈达佛"像，抬出来挂在佛殿前展晾。晾佛时，要在佛像前举行法会，众僧诵经祈祷，演奏法乐。信

徒向大佛顶礼膜拜、敬献哈达，布施钱物等。晾佛既能让民间百姓瞻仰佛容，沐浴佛恩，以达到弘扬佛教的目的，又能使佛画经过风吹日晒，防止虫蛀，起到保护作用。

跳恰木 简称"跳恰"，即"跳神舞"。是大召的一项佛事活动，有打鬼驱邪、庆贺丰收和预祝来年吉祥如意等多层含意。

每年的农历正月和六月，大召都举行两次大型的"跳恰"活动。"跳恰"时，舞蹈人员要穿上特定的服装，戴上面具，扮成各种神灵模样，在喇嘛教特有的大号、海螺、大镲、人腿骨号等乐器的伴奏下起舞，"跳恰木"的场面庄严而热烈。舞蹈神幻迷离，令人莫测。

送巴令 即"送鬼"之意。是藏传佛教特有的一项佛事活动。大召每年要在农历正月和六月举行两次"送巴令"

大召寺的缔造者
——阿勒坦汗

主持修建大召寺的阿勒坦汗是蒙古民族历史上著名的部落首领，阿勒坦汗一生指挥过 45 次大战役，屡战屡胜，战功赫赫。阿勒坦汗不仅仅是一位马上英雄，在率领部族走向强盛的道路上也很有一套。他致力于开发土默川，推行半农半牧定居式生活方式，结好周边民族、停止战争、通关互市，加速发展土默川农牧业和工商业，其博大的政治胸襟和丰硕的历史功绩至今令人仰慕不已；阿勒坦汗倡导废弃萨满教，引进喇嘛教，亲迎三世达赖进入土默川蒙古部落传教，修建了当地第一座喇嘛教寺庙大召寺，因此大召寺实际上是当时土默特部落中萨满教衰退和喇嘛教兴起的标志；甚至在藏传佛教中至高无上神圣无比的"达赖喇嘛"这一称谓，都是阿勒坦汗首创。所有这些政治的、经济的、军事的、社会的、文化的、宗教的等等重大举措和创新，其深远影响并不仅仅局限于土默川蒙古民族部落，甚至远及广大西北少数民族地区，乃至中原王朝；并不仅仅局限于当时，甚至影响到历史，影响到现在。

活动。"巴令"，是一种用油面捏成的三棱状身躯，头顶骷髅的魔鬼形象。"送巴令"时，要先诵经祈祷，之后由两人将"巴令"从佛殿抬到广场上，再进行打鬼形式的跳恰活动。"跳恰"完成后，将"巴令"抬出山门外，用火焚烧后，活动结束。"送巴令"，喻义是将一年之中的晦气和灾病等送走。整个活动，场面热闹，观看者云集如潮。

01

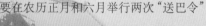

玉泉井

YUQUANJING

位于呼和浩特市旧城大召前街北口。最初叫"御泉"，后演变为玉泉。

玉泉井水四季长流，品尝其味，清洌甘甜、远近闻名，在大召天王殿前檐，有一横匾草书"九边第一泉"。相传是清时通驿业三大号之一的大盛魁账房先生王用贞用棍子裹上棉花，饱蘸浓墨书写而成，笔势飞动有力。该匾称赞玉泉井水在明朝时期，长城沿线的辽东、宣府、大同、延绥（榆林）、宁夏、甘肃、蓟州、太原、固原九个边防重镇（称九边）的众多井泉中，首屈一指。当时来井泉汲水者，从早到晚不断，各式各样的水桶排成长龙。有不少人家安放两口水缸，一口盛放玉泉井水专门饮用，一口盛放其他井水，作为洗涮之用。不论谁家来客，首先敬上玉泉水泡的茶。妇女生孩子坐月子常用玉泉水热粥煮面。朋友聚餐饮酒过量，也要用玉泉井水泡红茶解酒。新中国成立后，国家勘探队分析研究认为，这个井的水质在呼和浩特地区确实是第一流的。

玉泉井旁边以前还有玉泉祠庙，庙前有一根青石柱，刻有"源泉常混混"。过去的归化城，曾有"石头旗杆木头庙"的新奇景致。"石头旗杆"就是指玉泉井南边这青石柱，大召等木结构建筑的庙宇就是"木头庙"。让人听了觉得新颖、别致，很有风趣。

由于玉泉井水甘美爽口，周边兴建

了许多的茶馆，茶摊，饭铺酒肆、剧场、商号。街道两旁建筑古色古香，来往行人过客熙熙攘攘，车水马龙，热闹非凡。

玉泉井的由来

据史书记载：清初时，蒙古厄鲁特部的首领噶尔丹，是一个很有想法的人，时不时的总要给清朝的皇帝找点儿麻烦，后来居然发展到勾结沙俄，阴谋分裂祖国，发动叛乱。事情做得太过火，所以后果很严重。伟大的清圣祖康熙皇帝于是在清康熙三十五年（1696），亲自率领大军，三路发兵，西征讨伐噶尔丹，大捷。奏凯回师，来到归化城时，正值天气炎热，人马饥渴，却遍寻水源不着，正在焦急时刻，神迹出现，只见皇帝胯下的御马奋鬣腾空，四蹄刨坑，地面瞬时现出清冽甘泉数道，奔涌而出……后人们用大石块将泉水围砌成井，称之为"御泉井"。因井水饮之甘甜清冽，人们又谓此井为"玉泉井"。

席力图召
XILITUZHAO

位于呼和浩特市中心,是呼和浩特市规模最大的寺庙。是市区内仅次于大召的寺庙,始建于明万历年间,距今已有近400多年的历史。

召庙大殿采用藏式结构,四壁用彩色琉璃砖包镶,殿前的铜铸鎏金宝瓶、法轮、飞龙、祥鹿与朱门彩绘相辉映,金碧辉煌,富有强烈的艺术效果。康熙御制"平定噶尔丹纪功碑"立于大殿前列。

召庙东南隅有白石雕砌覆钵式喇嘛塔,高15米,颇为雄壮。这里的每一处建筑都精美绝伦,一草一木都有着静谧的气质。

"席力图"召的命名由来

"席力图"是藏语"首席"或"法座"的意思，"三世达赖"索南嘉错受阿勒坦汗之子僧格都楞的邀请来呼和浩特传教，在其传教期间，西藏方面派高僧希迪图噶卜楚专程来看望他。1588年，"三世达赖"圆寂，死前他留下遗嘱，命令希迪图噶卜楚替他坐床传教，并指示在办完遗体事宜后，到东方寻找他的转世。希迪图噶卜楚遵从他的旨令，在"席力图召"坐床，并负责蒙古右翼地区的佛教事务。1589年，希迪图噶卜楚同右翼蒙古封建主商量，选取阿勒坦汗之曾孙云丹嘉错做了"四世达赖"，希迪图噶卜楚亲自给"四世达赖"讲授佛教经典，一直把"四世达赖"教养成人。于明万历三十年（1602），由希迪图噶卜楚护送"四世达赖"到西藏举行坐床典礼。传说在典礼仪式上，希迪图噶卜楚曾坐在达赖喇嘛的法座上，法座的藏语名称"席力图"，他被称为"席力图呼图克图"。返回呼和浩特以后，希迪图噶卜楚便将他主持的寺庙改名为"席力图召"。希迪图噶卜楚就是"席力图呼图克图一世"。为了报答希迪图噶卜楚的执教之恩，"四世达赖"曾授于他"乌汝勒克·班弟达固巧尔气"的称号。也有资料认为，"席力图召"的名字就是来自他的这个封号（即有权坐床之意）。"席力图呼图克图一世"希迪图噶卜楚熟悉蒙古、藏、汉三种语言，精通佛教典籍，曾将藏文《般若经》译成蒙古文。

"四世达赖喇嘛"云丹嘉错

"四世达赖"云丹嘉错，意为"功德海"，生于藏历第十绕迥之土牛年（1589，明万历十七年），父名青格尔杰布彻辰曲吉，又名苏密尔台吉，阿勒坦汗之孙，母名帕堪努拉，是苏密尔台吉次妻，出生在蒙古土默特部。

阿勒坦汗和索南嘉错在他们会见后的十年中，虽然相继去世，但是由于他们生前所作的各种安排和已经建立起来的各种关系，不仅没有停顿，而且得到了继续发展。

由于藏传佛教格鲁派（黄教）宗教首领实行的是转世制度，关于"三世达赖"的转世在明代民俗资料《北虏风俗》中，有详细的描述，说"三世达赖"在世时就曾指阿勒坦汗孙子苏密尔台吉的驻牧地上谷（河北怀来）"此地数年后，有佛出焉"！1588年"三世达赖"去世，苏密尔台吉的妻子尊姆琼娃·帕堪努拉果真有身孕，且胎儿在腹中有声，众僧即

说"此当生佛"。1589年，即"三世达赖喇嘛"索南嘉错去世后的第二年，阿勒坦汗的曾孙即成吉思汗的二十世孙虎督度诞生，出生时自言："我前达赖喇嘛也！"后众喇嘛让虎督度辨认器物，虎督度抓起念珠和经册，并说："此我之故物也。"很快就被蒙古王公（如三娘子）和藏族格鲁派的僧人（如希迪图噶卜楚）共同确认为是三世达赖索南嘉错的转世。接着，西藏格鲁派上层如"三世达赖"索南嘉错的管家班觉嘉错等也承认了这一认定，1592年班觉嘉错亲自到蒙古地区进行认定，并命名为云丹嘉错，即"四世达赖喇嘛"。同年，明政府封赐云丹嘉错为"朵儿只唱"。

阿勒坦汗的妻子，忠顺夫人，蒙古土默特部实际首领三娘子，将年幼的"四世达赖"迎在归化城（呼和浩特旧城）的"席力图召"，跟随希迪图噶卜楚学习黄教经典。1602年云丹嘉错已十四岁，西藏的噶丹寺、色拉寺、哲蚌寺三大院派出正式代表来到蒙古土默特部，承认云丹嘉错为转世灵童并迎请入藏（黄教制度：只有在西藏三大寺院坐床才能成为事实上的达赖喇嘛）。三娘子和顺义王扯力克汗派"席力图召一世"呼图克图希迪图噶卜楚护送"四世达赖"到西藏。

云丹嘉错沿途受到青海、西藏的蒙藏僧俗人众迎接，于1603年到达西藏，先在藏北热振寺举行了坐床典礼，后到拉萨，住进哲蚌寺，拜噶丹寺赤巴根敦坚赞为师，举行出家仪式，受沙弥戒。

1607年，云丹嘉错赴扎什伦布寺，向"四世班禅"罗桑却吉坚赞学法，两个人相处感情非常融洽。云丹嘉错在扎什伦布寺住了一段时间才回到拉萨。1614年，云丹嘉错请"四世班禅"到哲蚌寺，拜"四世班禅"为师，受了比丘戒。接着云丹嘉错应哲蚌寺僧众之请，继任

了哲蚌寺第十三任"赤巴"，又应色拉寺僧众之请，兼任了色拉寺第十五任"赤巴"。1616 年，明朝万历皇帝派专人进藏，赐给"四世达赖喇嘛"云丹嘉错"普持金刚佛"的封号和封文。

1616 年 12 月 15 日，"四世达赖喇嘛"云丹嘉错在哲蚌寺突然去世，时年二十八岁。

"四世达赖"入藏后，西藏格鲁派（黄教）派麦达力活佛来土默特主持蒙古地区黄教事宜。三娘子的儿媳把汉妣吉（五兰妣吉）为迎麦达力活佛来灵觉寺（美岱召）为弥勒佛开光，1606 年特扩建了美岱召大雄宝殿的前殿和泰和门。美岱召的泰和门至今仍留着"大明国丙午年戊戌月己巳日庚午时（公元 1606 年 10 月 4 日 11 时）建"的石刻题记。

在历世达赖喇嘛中，从追认的第一世达赖根敦主巴，到目前流亡海外的第十四世达赖丹增嘉错，这当中，只有第四世达赖喇嘛是蒙古族人，其余都是藏族人。第四世达赖喇嘛云丹嘉错的转世于蒙古黄金家族是有其历史背景和深远影响的。"三世达赖"的"转世灵童"是成吉思汗的二十世孙，这完全是三娘子和黄教上层做出的对双方都有利的安排。

三娘子利用"转世灵童"达到控制蒙古地区喇嘛教的目的，增强日益分裂的蒙古部落的凝聚力，从而巩固阿勒坦汗政权，三娘子选定云丹嘉错为转世灵童，就是

因其父苏密尔台吉的封地是阿勒坦汗后人封地中最贫瘠的地区，经济和军事实力最弱，这样才有利于她的控制。西藏黄教势力之所以能够接受蒙古族藏传佛教的"转世灵童"，目的在于想利用蒙古军事势力与红教做斗争，"四世达赖"在世时，蒙古族上层人物就曾以朝佛为名到拉萨，他们带着大批随从就是去支持黄教。"四世达赖"去世后红教所控制的第悉藏巴政权就曾下令禁止达赖转世，1617 年与 1621 年蒙古军队两次进藏与第悉藏巴政权交战，"五世达赖"才得以转世。1622 年，"五世达赖"被迎到哲蚌寺。

五塔寺
WUTASI

位于呼和浩特市玉泉区的五塔寺后街，在蒙古语里称为"塔本·索布日嘎召"。它以美观的造型和独特的建筑风格，在众多的塔寺中独树一帜。

该塔塔身均以琉璃砖砌成，塔身下层是用三种文字刻写的金刚经经文，上层则为数以千计的鎏金小佛，刻工精巧，玲珑秀丽，是一座砖石结构的喇嘛教塔。塔后嵌有三幅石刻画，分别为"须弥山分布图"、"六道轮回图"、蒙古文"天文图"。蒙古文时刻天文图，是现存的世界上最完好的用蒙古文标注的天象资料。天文图直径1.449米，刻恒星270座，星数1500余颗。舍利宝塔的基座高约1米；金刚座为束腰须弥座，其束腰部雕刻有狮、象、法轮、金翅鸟和金刚杵等图案，束腰的上面为七层短挑檐，第一层的檐下为三种文字（蒙、藏、梵）雕刻的金刚经全文，从第二层到第七层的檐下为各种姿态的镏金佛像，共计1119尊，所有的雕绘充满了强烈的宗教色彩和气氛，具有很深的象征性和隐喻性。

五塔寺的由来

清雍正五年 (1727)，小召喇嘛阳察尔济任归化城副扎萨克喇嘛时，在他担任年班扎萨克喇嘛 (掌管行政权的喇嘛) 向朝廷汇报情况之机，呈请皇室，修建小召属院，并于雍正十年 (1732) 建成，清廷赐名为"慈灯寺"。

慈灯寺当时香火鼎盛，一派繁荣。它原有三重殿院，每重院子都有佛殿，并有配殿和厢房、耳房等，占地约5000平方米。每年除夕，归化城内外各召庙选派喇嘛集中在慈灯寺门前的广场上，身着盛装，头戴面具，在大号、锣鼓及笙管铙钹等乐器的伴奏下，举行"跳恰木"活动，以禳灾祈福、庆祝丰收，预祝来年风调雨顺。在正月十五元宵节之夜，慈灯寺还要在五塔和玲珑短墙上每隔咫尺就点亮铁铸莲花灯，灯火辉煌、壮丽秀美。

乾隆年间，慈灯寺根据佛教经典《金刚经》教义设计了金刚座舍利宝塔，因塔座顶上有5座小塔，民间俗称五塔，慈灯寺也被俗称为"五塔寺"。后来，传说慈灯寺毁于战火。清光绪十二年 (1886)，阳察尔济三世圆寂，慈灯寺没有了活佛，喇嘛回到小召。据当时到过呼和浩特的旅行家记载："此寺现已全废，喇嘛无一人，各所均极颓败。"惟有慈灯寺重要建筑物——五塔凌云挺秀，在很远处都能望见，让人疑是塔下仍存一寺。

据民间传说，在慈灯寺建成后，清廷要在慈灯寺东北方向修建绥远城，俗称新城，作为清廷北部边疆重要的驻防城市。慈灯寺认为此举会破坏召庙风水，但因不便反抗朝廷旨意，便提请朝廷在寺内建立一个对新城的镇物——五塔，以趋吉避凶。当时的乾隆皇帝出于政教统一、笼络民心的目的，便同意了修建五塔，这便是五塔的由来。

小召
XIAOZHAO

逝去的古迹——小召位于呼和浩特旧城小召街，蒙古语称作"把格召"，"把格"汉译为小，俗称"小召"。

小召原是阿勒坦汗的后裔俄木布洪台吉所建的寺院。到了清初顺治年间已经颓废失修。康熙三十一年 (1692)，康熙委派在小召坐床的"内齐托因二世"做了呼和浩特掌印扎萨克达喇嘛。

当时正值康熙皇帝亲征准噶尔部发动叛乱的首领噶尔丹，作为宗教领袖的内齐托因二世也相机展开活动支持皇帝西征。他一方面受命入藏联络班禅，一方面又随康熙皇帝出征协助策划。因这些原因，康熙西征凯旋回京时路经归化城，还曾驻跸小召三日，并将甲胄、弓箭、腰刀等随身之物，留在小召做为纪念。再后又在小召用满、汉、蒙古、藏四种文字刻立石碑，纪念他的胜利，同时也表彰了小召活佛有功。从此，小召在当时的归化城召庙中的地位曾一度凌驾于大召之上。另据蒙古文《内齐托因二世传》记载，康熙驻跸的这一年，内齐托因二世对小召进行过一次修葺和扩建，其规模相当宏伟。寺庙扩修完工后，内齐托因二世向康熙皇帝呈请另赐寺名，康熙皇帝遂赐名为"崇福寺"。

小召喇嘛受到了康熙皇帝的许多特殊恩赐。例如，独许应用蒙古文经典。小召除了得到本地人的布施外，康熙皇帝还特别批准内蒙东部科尔沁十旗作为内齐托因二世呼图克图的化缘地点。内齐托因二世赴科尔沁一次，就得到布施银五万两，驼、牛三千头，貂裘、马鞍、金珠、哈达等不计其数。小召这种显赫一时的地位，维持时间并不长久，在内齐托因二世死后，逐渐走了下坡路。到了嘉庆年间，呼和浩特召庙的权利中心已经转移到席力图召。

新中国成立后，人民政府拨款重新修葺了小召，加筑了围墙，保护了这座三百年前的古代建筑。后来也成为名胜古迹之一。只是小召于光绪年间及"文化大革命"时两次失火，只剩下一座单跨式牌坊。现在小召原址上建立了小召小学。

清真大寺
QINGZHENDASI

位于呼和浩特市旧城北门外。清乾隆年间，大批回族居民自新疆迁到呼和浩特，为传承和延续伊斯兰教义，建造了这座规模宏大的礼拜寺。

清真大寺坐东向西，中间为朱红色正门，门上楣有"清真寺"匾额及"国泰"、"民安"四个字。

大殿是寺院内主体建筑，造型别致，殿门朝东，是三开拱形门。上楣刻有精细的阿拉伯文，意译为"安拉是天地间的光辉"。大殿前有"月台"，登上月台可进入大殿。殿内壁上图有经文。穆斯林礼拜的大殿是很庄严的，非穆斯林是不可以进入的。清真大寺内的装饰纹样都用阿拉伯文、几何线纹和各种植物做题材，具有浓郁的伊斯兰风情。

最引人注目的建筑物便是这座大寺东南侧的望月楼。它拔地凌空，秀出云表。它始建于1933年，楼高33米，平面六角形，六角攒尖顶。每逢"斋月"穆民在楼上望月。望见初月后封斋或开斋，故名望月楼。楼分两层，形如竹节，成六棱体，楼的西面用汉文和阿拉伯文书有"望月楼"三个人字。第一层是外露望台；第二层顶部建有一座六角凉亭，凉亭绮丽雅致。楼顶端的铁柱上装有月牙灯。

伊斯兰风情街

YISILAN FENGQINGJIE

伊斯兰风情大街。全长一公里的街道两旁，以拱形、穹窿和彩色琉璃砖瓦装饰出来的民族建筑华灯齐放，一排排尖拱形并列的门窗、浑厚饱满的球形殿顶和高耸的柱式塔楼，被各色的轮廓灯光勾勒的如水晶宫一般晶莹剔透，能看到以沙漠黄为主绿白相间的色调，在这

茶楼和商店，全都顶着金色的伊斯兰式建筑的圆顶，细密描画着伊斯兰风格的图案。

这条大街的样式是参考土耳其伊斯

魅力青城——呼和浩特

坦布尔、伊朗德黑兰和阿联酋迪拜的建筑风格，即使是在介绍中东、中亚的一些伊斯兰国家的影视片里，也未必能够见到这样一条金碧辉煌的大街，它已经成为了呼和浩特的一道靓丽的城市风景线。

夜色里依旧是那么的靓丽。它东起中山路的西端，南接旧城北门，北临新华大街，在这1公里多长的宽阔大街上，酒店、

将军衙署
JIANGJUNYASHU

位于呼和浩特市新城，距今约有 300 年的历史。

清雍正十三年，为加强西北边防，当时的驻地将领向朝廷奏请在呼和浩特旧城（归化城）东北方向不足 3 公里处，另外修筑驻屯满洲八旗官兵的新城。上奏的公文虽说是批了下来，可是很不巧，在位十三年的雍正帝却驾鹤神游去了，于是该项目的启动资金被拖延了下来，直到乾隆登基的第二年年初，才由户部将该项目工程款项落实到位。并于当年二月破土动工，于乾隆四年六月建成，并被命名为"绥远城"。同时设立绥远将军统领，并管辖漠南蒙古王公、归化城土默特蒙古各部，调遣宣化、大同二镇绿营官兵，基本属于实权派。

该工程规模按清工部工程则例规定，比照一品封疆大吏（相当于省军区司令员）的级别建造，砖木构制，占地面积 3 万平方米，历经多年的物是人非，昔日的宏伟壮观今时早已不复显现，只有门前高大影壁上的"屏藩朔漠"匾额和门两侧的一对石狮，在日出日落的光影轮转中落寞无言。

公主府

GONGZHUFU

位于呼和浩特市新城区。据史料记载，"和硕恪靖公主"是康熙皇帝的第六女，生于康熙十八年五月，卒于雍正

皇后嫡出的女儿称"固伦公主"，"固伦"是满语，意为"国家"或"天下"，是最高级别的公主；嫔妃和贵人等生的女

十三年三月，终年57岁。"和硕恪靖公主"深受康熙喜爱，曾3次受封。第一次是康熙三十年，公主仅13岁，因其"既娴内治，宜被殊荣"，即被封为"和硕公主"。第二次是康熙三十六年，这时公主下嫁敦多布多尔济已9年，因她"居心柔嘉，妇德无违"，故封"恪靖公主"。第三次是雍正元年，雍正皇帝特赐她金册，并晋封为"固伦恪靖公主"。那么"和硕"和"固伦"究竟有何区别呢？据历史学家介绍，二者反映了公主的级别，

儿则称"和硕公主"，"和硕"也是满语，意为"一方"，后引申为"旗"的意思，"和硕公主"因自身出色或政绩斐然被晋升为"固伦公主"。为巩固满蒙友好，蒙古发展及北疆的和平稳定作出了突出的贡献。

据"公主府志"记载，当时的"公主府"傍山依水，两条河流交汇在门前，在开阔的土默川上，形成二龙戏珠的布局，这颗明珠即指"公主府"。据说"公主府"的旧址上原有一座喇嘛庙，因"公

主府"三次迁居，最终选中了这块风水宝地，喇嘛庙于是迁至东乌素图山中，"公主府"里的白塔，即是喇嘛庙的遗留。"绥远通志稿"谓之："后枕青山，前临碧水。建筑与风景之佳为一方冠"。"恪静公主"尤喜此地的怡人风景，不愿再度北迁，于是这里又成了"土谢图汗"在漠南的王府。昔日的"公主府"，依山傍水，亭台楼榭交相辉映，青松翠柏四季碧绿，恰似塞外明珠。除了"公主府"里的花园外，府南的"公主府"花园也是一景，每逢初春，满园桃花争相绽放，恰似，花的海洋。

300多年的风霜雪雨曾让"公主府"颓败不堪，2003年呼和浩特市政府对其进行了大规模修缮。整修后的"公主府"成了博物馆，展示公主、额附政务原状复原和夫妻俩的生平陈列，喀尔喀蒙古历史、民俗、风情和一些文物等等。公主死后，葬在了今天蒙古国的肯特山下，时光流迁，佳人已逝，任凭岁月潮起潮落，云卷云舒，只是长眠于地下的公主未曾想到，她曾经居住过的家府，而今已经成了国家重要的文化遗产了。

公主府抗日烈士纪念碑

GONGZHUFUKANGRILESHIJINIANBE

在呼和浩特"公主府"公园内，耸立着一座12米高的纪念碑，碑的正面是傅作义将军题写的碑名："华北军第五十九军抗日阵亡将士公墓纪念碑"，

眠了70多个春秋。然而，他们的英名和不朽的精神却永远铭记在人民的心中。

1933年5月，傅作义率绥远部队参加了著名的"长城抗战"。当时，日军

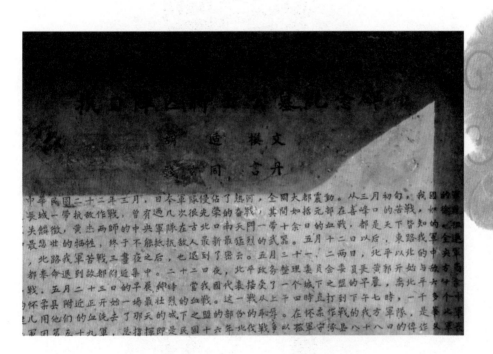

下面镶嵌着一块大石碑，碑上刻有胡适撰文、钱玄同书写、安徽著名石匠雕刻的碑文，碑的两侧镌刻着为保卫祖国英勇献身的367名官兵的姓名、军衔。碑的后面，是一座庙宇式建筑风格的纪念堂和一座座烈士墓，这些烈士已在此长

人数数倍于我军，且武器装备精良，又有飞机轮番狂轰滥炸。但全军将士以"有敌无我，有我无敌"的英雄气概痛击敌人。在两昼夜的激战中，有的战士祖胸露臂跳出战壕，与敌人肉搏，同归于尽；有的携带十多个手榴弹，以血肉之躯和

敌坦克一起爆炸……一场恶战，敌我伤亡惨重，我方牺牲官兵367人，伤484人，日军死亡264人，伤500多人。殊死搏斗迫使日军停战撤退。

傅作义返回绥远后，念及牺牲的将士，决定在归绥市（今呼和浩特）北郊大青山脚下建立烈士公园，并于当年9月派人到当时的战场收殓烈士忠骨，运回绥远，葬于公墓之内，并立碑纪念。

乌素图召

位于呼和浩特市北大青山南麓，蒙古语"乌素图"意为"有水的地方"。是内蒙古数千座召庙中唯一的一座有文字记载，并完全由蒙古族工匠自己修建的召庙。它由庆缘、长寿、法禧、广寿、罗汉五寺组成。其中庆缘寺创建于明万历三十四年（1606）。它不仅是最早修建、规模最大的一座，而且是整个乌素图召庙中最具有代表性的一座。庆缘寺的整个建筑装饰工艺是在名叫希呼尔、贝勒的两位蒙古族工匠带领下修建的。乌素

图召的其它四座寺庙都是在庆缘寺之后修建的，皆继承了庆缘寺的建筑艺术特点，具有鲜明的民族色彩。召庙内外被

青蓝色所笼罩，象征着纯洁与兴旺。庙内的壁画不仅包括历史人物、佛教故事、风俗装饰，还有山水花鸟。不论内容形式和技法，都自成风格。这些壁画，特点鲜明，值得研究、鉴赏。因其均由蒙古族工匠设计施工，所以在造型和建筑艺术上，更为显得独具匠心。

赵长城
ZHAOCHANGCHENG

　　位于呼和浩特市北大青山南麓。战国时期，赵武灵王经过一系列的改革，经济和军事实力大大增强，开始向北方扩张领土。赵武灵王二十六年（公元前300），北攻林胡、楼烦，拓展了大片辽阔疆域，为了使自己在已占领土上睡得安稳些，也为了防备北方胡人的觊觎之心，赵武灵王不惜成本，调用大量人力物力，斥巨资开始修筑长城。这条长城从宣化附近开始，迤逦而西，沿阴山山脉，一直修到河套狼山山脉的高阙塞。现今还有赵长城烽燧遗址，断续绵亘于大青山、乌拉山、狼山的山头上。

　　经历2000多年的风雨侵蚀和人为破坏，这条赵国北部长城只保存了一些局部遗迹，而以在呼和浩特北面的大青山脚下的这段城墙较为清楚。这段赵长城大部分是用土夯筑的，在一些土壤不多的山谷口多是用石块垒砌的。呼和浩特市西北方的乌素图召后面保存的一段长城，残高3米左右，虽还不是保存最好地段，但以其交通方便，在游览召庙之后就可直接登临，故吸引不少思幽怀古之士来此观瞻，驻足长城之上，东西瞭望，犹如长缨缚住阴山，远处茫茫苍苍，壮丽景色尽收眼底。

万部华严经塔

WANBUHUAYANJINGTA

位于呼和浩特市东郊白塔村西南，俗称"白塔"。

  "晴空高显寺中塔，晓日平明城上楼。车马喧阗尘不到，吟鞭斜袅过丰州"，700多年以前的金元之际，一代名臣刘秉忠行经丰州城下，吟咏出这样的诗句。时至今天，丰州城高耸的城墙早已坍塌，痕迹难寻，不过城中那座壮丽的佛塔却依然矗立。

  万部华严经塔因保存佛经而得名，又因通体刷白漆而俗称"白塔"，如果你乘坐火车旅行，在即将进入呼和浩特市区的时候，车窗外那远处巍峨高大的白塔很容易便进入视野，在空旷的郊外大地上显得很是壮观。在国内保存的古塔中，北方的辽塔和南方的宋塔占据了很大的份额，形成古建筑遗产中重要的两类。辽塔的雄伟与宋塔的秀致在视觉形象上相得益彰，交相辉映。

  万部华严经塔所在地自古以来就是重要的军事、行政区。从春秋战国至辽代，经长期的历史演变，这里已经是农牧并存，城市建设久远、多民族频繁往来甚至交错居住，文化呈现多元化的地区。

在中国历史上，几乎每个政权都很注重对这一地区的辖制。辽太祖耶律阿保机于神册五年（920）率契丹精锐部队攻下此地，并设常驻部队"应天军"，后改

为丰州，为了加强对这一地区的控制，辽朝设置了重要的军政机构"西南面招讨使司"。同时又建丰州城营以作拱卫。

所以，白塔的兴建，从另一个角度证明了辽代丰州地区的丰富历史内涵。

丰州城营内部被十字形大街划分成四座坊，位于西北坊内的万部华严经塔约于10世纪中叶建成。历代都曾维修。塔为楼阁式砖木结构，八角七层，通高近60米。基座为束腰须弥座，上部砌作仰莲瓣。自辽至金元时期，丰州城因地理位置之利，得到良好的发展，城市繁荣，交通繁忙。元代的丰州城达到其历史的顶点。万部华严经塔内保存的大量墨书题记，记录了丰州城许多片断的历史信息，其中所见最多的便是元人的字迹。元末，丰州城毁于战火，四百年的繁华化作南柯一梦。到明代中后期，在丰州城以西不远，一座新的城市——归化城应运而生，也就是形成今日呼和浩特城市雏形的前身。

昭君墓

ZHAOJUNMU

又称"青冢"，位于呼和浩特市南9公里处的大黑河畔，是史籍记载和民间传说中王昭君的"衣冠冢"，它始于西汉，是当地人为纪念昭君出塞和亲一事自发的，一代代堆积而成的，距今已有2000多年的历史了。

01

魅力青城——呼和浩特

在中国历史上，王昭君是一位献身于民族团结的伟大女性。一介娥眉能放弃宫廷优裕的生活，毅然决然地去踏上陌生的迢迢大漠之路，与从未见过面的一个异族男子成亲，这自然是需要很大的勇气的。正是因为有了王昭君的这一壮举，使得当年汉、匈两族60年间无战事，这当然是值得人们无比敬佩的。特别是在民间，昭君已成为了美的化身，数千年来，关于她的美丽传说和动人故事广为流传，妇孺皆知。而历代文人咏唱昭君、抒发情感的诗文、戏曲更是多不胜数，形成了千古流传的"昭君文化"。

其实，作为一种逝去的怀念，就保留这一高高的青冢供人凭吊，已经足够。而最为撼人心魄的，是在那林林总总的碑刻中，有一方"懦夫愧色"的碑刻。据说这是新中国成立后一位将军所题，许是只有军人才能更深刻的体悟当年昭君出塞这一重大的历史事件吧。想一想，当年西汉王朝不乏威猛凶悍的战将，但面对北国匈奴的铁蹄却全都怯阵龟缩，而去让一介娥眉羸弱的肩膀扛起了天下太平的重任，一句"懦夫愧色"，真的

是入木三分。

在此碑前平阔的园地上，是王昭君与呼韩邪单于策马并行的青铜雕塑。此尊雕像被雕塑的精美绝伦，昭君身披斗篷，于风尘仆仆之中，不乏巾帼的飒爽英姿。举目仰望高高的墓冢，显出一幅黛色朦胧。园内树木茂密、松柏苍翠，墓体上

绿草如茵，蓝天白云之下青冢拥黛。沿着墓体上的盘旋石阶小路登至墓顶，湛蓝色的天幕似乎触手可及。有云丝飘忽而来，就缠绕在脚下的墓体上，久久不愿离去。能看到北面隐在阴山山麓的呼和浩特市区，各式的城市楼厦建筑被轻轻的岗岚之气罩着，恍若仙境。墓冢的四周已不再是"风吹草低见牛羊"的古敕勒川景色了，而昭君也早已完成了她的历史使命，成为了一个象征，一个民族友好的象征。这脚下的昭君墓，也不

再是一个墓冢了，它也早已成为了一座民族友好的历史丰碑。

老牛湾

老牛湾地处清水河县窑沟乡境内，位于黄河之滨，地处两省区（山西省、内蒙古自治区）交界处，蜿蜒起伏的明代长城，险峻神奇的晋蒙黄河大峡谷等独特的自然景观在此融合，距全国闻名的万家寨水利工程大坝仅15公里水路。

清水河，以县境内一条横贯东西、绵缓清澈的河流而得名，位于内蒙古自治区首府呼和浩特的南端。在漫长的历史进程中，这个古老的晋蒙边城要塞逐步形成了以汉民族为主体，与蒙古民族共存共荣的人文气息，并成为草原文化与中原文化之间的过渡带和结合带。

历尽沧桑世变，黄河依然奔流不息，万里长城依然雄伟壮观。保存比较完整的古城堡和万里长城屹立雄踞在山崖河

畔之上，与黄河紧紧相扣。黄河与长城在老牛湾友好握手。

雄伟壮观的望河楼就屹立在老牛湾

的黄河河畔上，在我国的长城史上，这是历史上遗留下来的一处独一无二的文化风景线。

生活在这里的人们依然保留着浓浓的古风古韵的生活方式：居住窑洞，牛犁耕田，打鱼放牧，过着古朴田园牧歌生活，毫不走样地保留着古老岁月的痕迹……

老牛湾，虽没有昔日金戈铁马塞外边关的场景，但也能让您感受到古朴生活的魅力和历史文化的变迁。

老牛湾石头堡

LAONIUWANSHITOUBAO

石头堡三面环水，一面连山，呈牛头状。

各种石头建筑根据地势而建，石窑石屋比肩而居，石墙石院随形而就；石碾石磨、石杵石臼随处可见；石人石马、石仓石柜触手可得；窑前石檐低垂，墙后石碑仄立；炕头有石狮，院内置石锁；村北有石墩台，村南有石寨堡。

尤其是村南的古代城堡遗址虽然已经残破不全，但是整个古城的风貌还依稀可辨。整个古城坐北朝南，先入瓮城再进南门，迎面是座石影壁，影壁后面观音阁和关帝庙分列左右，寺庙建筑已经残破，内中供有小型的观音和关公神像，墙上有壁画，案前有香火遗存；堡中还有一座"诸神庙"，残存有彩绘诸神，墙皮剥落；古堡外四处的山上也建有多座小庙，人神共同护佑着身后更为广阔无垠的家园。整个老牛湾村村庄简直就是一个石头民俗博物馆。

魅力边城——偏关偏特

呼和浩特市周边旅行推荐——

中华钱币坛：位于和林格尔县南山顶上，钱币坛内展示了中国历朝历代流通过的、具有代表性的钱币108枚，上迄我国最早的货币贝币，下至现代的百元人民币，按照1∶100的比例仿真放大。

大窑文化遗址：位于呼和浩特市郊区保合少乡大窑村南山坡上。于1973年发现并发掘。

云中古城（或称云中都护府）：位于和林格尔县上土城村北。这是呼和浩特地区到目前为止，被发现和发掘的最为古老的一座古城遗址。

明徐敌楼：位于清水河县新村南侧的长城城墙上，高出长城约20米左右。是明代的一座敌台。

和林格尔汉墓壁画：位于和林格尔县新店子乡境内的一座土山上。这是我国考古发掘迄今所见榜题最多的汉代壁画。

喇嘛洞召：位于土默特左旗毕克齐镇北部，系土默特地区黄教发祥地之一。该寺的建成距今已近400年，并于清顺治十二年（1655）扩建，于乾隆四十八

年（1783）赐名"广化寺"。

　　武川县：武川县地处内蒙古高原南部，位于内蒙古自治区的中部，属呼和

山抗日根据地遗址以及淖尔梁高山湿地保护区等自然资源以外，还有蜈蚣坝、大梁山、碌碡湾度假村和快活林、榆树

浩特市行政管辖。旅游资源丰富，除哈达门森林公园、大青山避暑山庄、李齐沟自然保护区、井尔沟、德胜沟和大青

店大榆树、金代长城（亦称金界壕）、汉长城、六郎箭等非常丰富的人文景观和历史文化（北魏文化、隋朝文化）遗迹。

敕勒川民俗博物馆：位于土默特左旗台阁牧乡达尔架村。由蒙古族老干部、原内蒙古博物馆馆长文浩在自己家乡的住宅基础上兴建。

大皇城（城圐圙）：位于呼和浩特市托克托县新旧城之间，系明代修建的古城遗址。

哈素海：位于呼和浩特西70公里的土默特左旗境内，为天然湖泊，面积达32平方公里。相当于西湖的5倍。该湖水域辽阔，一面是山，三面是大片的农田和牧场。

02

美丽的鹿城

——包头

包头市所辖区域——

辖6个市辖区、1个县、2个旗，市政府驻昆都仑区。

◎ 东河区（河东街道）

◎ 昆都仑区（少先路街道）

◎ 青山区（古福镇）

◎ 石拐区（大德恒街道）

◎ 白云鄂博矿区（通阳街道）

◎ 九原区（沙河街道）

◎ 土默特右旗（萨拉齐镇）

◎ 固阳县（金山镇）

◎ 达尔罕茂明安联合旗（百灵庙镇）

包头
BAOTOU

原为蒙古语"包克图"，意为"有鹿的地方"，故称"鹿城"。随着包头钢铁稀土公司建成与发展，它又被称作"草原钢城"。

包头如今有三个主要的城区，一个是依托包钢建设起来的昆都仑区，一个是依托一机和二机建设起来的青山区，一个是老包头城的东河区。区与区之间都相隔数十公里，其间郁郁葱葱的绿化带把城市掩映在树林和花园里。

包头总面积两万多平方公里，是上海的4倍，但人口仅为上海的15%。人口密度低，加之工业区远离居民区，因此市区显得很宁静，没有内陆城市的那种喧嚣和嘈杂。就是在如今的工业区，也比起内陆城市的夏夜来幽静了许多。每逢夏夜，昆都仑河两岸，很少能见到人影。河面上倒映着两岸的城市灯火，河水平静如镜，灯光闪闪烁烁，夏夜的轻风吹拂着，夹带着青草的芳香。深邃的夜幕上繁星点点，在远处与映在河面上的城市灯火融为一体，天上人间。下至桥下走在河畔的绿荫之中，风拂树叶的沙沙声响与河水流动的哗哗声响叠在一起，举目星光映照下树叶的微微拂动，俯视河面泛着粼粼的波光，愈发加深了这草原钢城夏夜的静谧与幽深。

北方兵器城
BEIFANGBINGQICHENG

主广场占地面积约 5000 多平方米，由不锈钢"腾飞"雕塑、花岗岩文化柱和喷泉组成，其建筑的整体布局体现了北方重工"外圆内方"的经营管理理念和以"和谐"为基石的企业文化。其兵器陈列区就露天地处于主广场的两侧。

美丽的鹿城——包头

在一片片绿意葱葱的草坪和一丛丛的树荫中，陈列着水陆空三军的各种兵

器。有参加过新中国成立 10 周年经过毛泽东主席检阅的"共和国第一炮"；有

20 世纪 60 年代的尖端武器、首次击落美国 U－2 飞机的"红旗－2"号导弹；有在当年西沙海战中立下过赫赫战功的双五七"功勋炮"；有参加过新中国成立 50 周年阅兵的现代化装备、坦克克星 120 毫米自行反坦克炮等。

今天，当人们来到北方兵器城，行走于掩映在绿树、草坪和鲜花丛中的这些各式火炮、坦克和战机之间，一件件钢铁组合的兵器都在向人们讲述着它们曾经辉煌的往事，它们见证了共和国兵器发展的历程，也让人能感觉到那个风云变幻时代的凝重音符。

赛汗塔拉草原
SAIHANTALA CAOYUAN

位于包头市青山区南侧，建设路西段，南北长4.1公里，东西宽2.2公里，占地约12000亩，其中林地面积1596亩。实际上是一处以湿地为主的草原，草原的深处长着齐人高的芦苇，路边是一簇簇的红柳。在满目的葱翠绿色中，一簇簇的红柳如跃动着的火焰，被轻风吹拂着起起伏伏，乘车而行，路边时有绿荫遮蔽，时有红柳夹道，风从路边的绵绵草色上拂来，草香扑鼻，凉爽宜人。

在草原的入口处建起了许多的旅游设施，最典型的当属建筑宏伟的蒙古大营了。通往蒙古大营的大道两侧花团锦簇，有雄壮威武的蒙古骑士雕像列队立于路边，尽头的广场上是成吉思汗的汉白玉雕像。

城市很远，草原很近，天幕蓝的如水洗一般，白云碧野相映，城市草原相连，炎日轻风相谐，人影草色相融。人在赛汗塔拉，灵魂就飘荡在这无边的草原上。

阿尔丁植物园

AERDING ZHIWUYUAN

"阿尔丁"，蒙语的意为"人民"，给一个供市民休闲娱乐的场所起这样一个名字，可见其独到的用心。阿尔丁植物园就坐落在昆都仑区东部，与青山区相距不远。

美丽的鹿城——包头

植物园分东西两园，它的规模之大、花草树木种类之多、景色之美，是远近闻名的。东园的东南面小桥流水、亭台楼阁、湖水垂柳。一派南国风味。西北面苍松翠柏、白杨曲柳，一派北国风光。

中部有荷花池、垂钓池、百草园和石景园等，各种奇花异草、名贵树木遍布园中。特别是正南面那一处10华里长的花卉市场更是赫赫有名。家住包头本地的市民们都把这花卉市场称为"花苑"。

九峰山
JIUFENGSHAN

　　位于阴山山脉中段，土默特右旗萨拉齐镇北的山谷里，主峰海拔2338米。是西北高原地区少有的自然风景区。九峰山险峰众多，从一峰到九峰，山山有特色，峰峰有造型，低的小巧玲珑，高的巍峨壮观。特别是"波光潋滟"的石湖，"一夫当关，万夫莫开"的一线天以及活灵活现、栩栩如生的卧佛峰、麒麟峰、独树峰，美不胜收、引人入胜，让人浮想联翩。

转龙藏
ZHUANLONGZANG

坐落于包头市东河区东门外刘宝窑子河（古称博托河）出口处的右岸。曾经是老包头为数不多的几处风景优美的场所。又名龙泉寺，是包头重要的文化古迹。

早在清乾隆年间，这里便出现了包头地区的首个村落——代州沟，后来逐步发展为现在的东河村。转龙藏原本是一处极为珍贵的古文化遗址。经发掘，先后出土了大量新石器时代的文物。2005年转龙藏景观进行了恢复性修建与改造，其中恢复了三个龙头出水的生动景观，转龙藏如今为烈士陵园占用，可惜至今还未被完全恢复。

转龙藏地名的由来，有着好几个版本，一说来自佛教语，以"转轮藏"讹传为"转龙藏"；另一说为清朝雍正初年，有土默特部喇嘛阿尔万曲力木自西藏进修回来，沿阴山云游，雍正四年（1726）来到博托河右岸，见树木苍郁、泉水淙淙，环境幽雅，景致宜人，遂"挂锡"于此，建庙供佛，焚香诵经，将此地命名为"转龙藏"；还有一说是禅师建寺后，在藏经殿的中部，建了一个八棱木塔，内设多层经阁，将佛经分藏阁中。还独

美丽的鹿城——包头

具匠心的在木塔中心底部装一龙形木轴，僧人念经的时候，只需转动龙轴，便可随心所欲地寻到所读的经书了。于是，僧人们便给这座寺庙起了一个很形象的名字：转龙藏。

转龙藏的传说

相传当年成吉思汗西征，途经九峰山一带时，大军正在行进中，忽听前方传来呦呦鹿鸣，举目远眺，只见一只梅花鹿正在对面山坡上与大军相视对望。

这只梅花鹿个儿大体壮，身上的花斑在阳光照耀下闪闪发光，那一对犄角也大得出奇，就像两棵无叶的山榆。成吉思

汗对身边的大将木华黎说："我见过许多鹿，也猎过很多鹿，却从未见过如此彪悍的梅花鹿。"木华黎心领神会，急命随从取来弓箭，递与大汗，成吉思汗张弓搭箭，"嗖"地向梅花鹿射去，却没有射中。箭落在梅花鹿的脚下，而梅花鹿不惊不乍，纹丝不动，似乎根本没

有看见有箭射来。成吉思汗又射，依然如故，再射，箭落原地，而梅花鹿仍然昂首静观，岿然不动。成吉思汗很是奇怪，暗想：我打仗百战百胜，我射箭百发百中，今天怎么就射不中一只梅花鹿呢？于是策马扬鞭，向鹿奔去。当追到近前，正欲张弓搭箭时，那梅花鹿却又迅急逃离原地，向西飞奔，过一会儿就停在不远的地方回头张望，只要大汗搭箭欲射就跑，这样跑跑停停，若即若离，就像在故意戏弄大汗，如此几经转合，总也不能追上。成吉思汗更加奇怪，心想以我身经百战的神马"萨日勒"，尚且追不到一只梅花鹿，莫非这是一只神鹿？

再说成吉思汗的坐骑，那可是一匹千里挑一的宝马良驹，蒙古人管它叫神马"萨日勒"，这匹马跟随主人身经百战，可以说日行千里，夜行八百，今日却追

不上一只梅花鹿，此刻，它比主人还着急，不等举鞭，便已扬鬃奋蹄。

转过一道山弯，追到一处台地，就是今天包头市东河区转龙藏一带，那只梅花鹿跑进了一片树林中。成吉思汗立马观察，只见此处苍松翠柏，草高林密，好似人间仙境。成吉思汗心想，梅花鹿竟跑到这等仙境般的地方，必是一只神鹿了，我一定要抓住它。便命随从收起弓箭，围住树林，向林中搜索，准备活捉这只梅花鹿。那只梅花鹿在林中忽隐忽现，转过一棵大树就不见了。大汗令随从将士在密林中仔细搜寻，可搜遍整个密林也未见梅花鹿的踪影，只是听见呦呦鹿鸣声在林中回荡。成吉思汗想，难道这神鹿钻进那棵大树底下不曾？回头望去，发觉那棵大树枝叶繁茂，树干粗壮，几人合抱不拢。再定睛细看时，阳光从大树斑驳的枝桠透过来，发现那树的形态竟活脱脱地似一只跃蹄飞腾的鹿！大汗甚为震惊，但找鹿的心意已决，遂急命士兵将此树连根刨起。一声令下，众将士立即开挖，不一会儿，大树轰然倒地，但未见梅花鹿，拨去泥土，却见一块方方正正、熠熠闪光的青石板埋在树下，一只梅花鹿的图案赫然显现在青石板上，和追捕的那只梅花鹿别无二致，纹路清晰，花斑耀眼，活灵活现。士兵急报大汗，大汗心中惊叹：确为神鹿也！脱口而出："包克图、包克图……"

成吉思汗感慨万千，朗声长叹："这是天意，神鹿显灵了，此处真是一块风水宝地啊！"

美丽的鹿城——包头

梅力更召
MEILIGENGZHAO

　　梅力更召位于包头市梅力更山山脚下，四周环境幽雅，召庙整体依地势而建，和周遭环境巧妙地融为一体，让人远远望去就会心生奇想。

　　这里是世界上唯一一座用蒙古语诵经的召庙，走进梅力更召，你才发现它不是感官上的享受，这里，还有历史与文化的积淀。高墙之内路阔庭深，张望间，走几步，身体便触到了从四面八方涌来的若重若轻的肃穆气氛，还有一点学生在课堂上的紧张之感。在梅力更召这个展现了如海洋般深厚的佛学和智慧的召庙里漫步，有一种清净与逍遥的感觉始终陪伴左右。

　　柔和的阳光斜斜地洒在身上，僧侣们神态安详地走过寺院，朝向经堂，步履从容，目不旁骛，凝神许久，不由得生出几许豁达。"昌梵寺"（康熙年间

题字）几个大字在青烟缭绕间悄然浮现。没有别的寺庙如织的游人和袅袅的烟火，却不减庄严与肃穆。告别了市井之声的打扰，让人有恍若隔世般的安宁。历史与现实，宗教与人生，刹那间交织在一起。

生了灵性，还是这寺为这山平添了几许禅意。其实，山与寺从来便是不可分割的一体，将尘俗之中的你我引荐给清净与灵气。

　　漫步梅力更召，庭前古树葱郁，左右白塔对称立于庭前，天空湛蓝，当蒙古语诵经的声音从这空旷的山间传出时，听起来让人尤为平和静心。

　　站在梅力更召那青烟缭绕的山门前，不由得去猜测，是这山的清净为这寺蕴

02

美丽的鹿城——包头

怀朔古镇
HUAISHUO GUZHEN

　　位于包头市固阳县城东北方向，城垣明显，呈不规则长方形，在古城内发现一座北魏时期的佛教殿堂遗址——"土窑"，出土了全国罕见的泥塑佛像，并有铜菩萨塑像、石臼、陶罐等大量北魏时代的文物。该古城就是北魏时北方六镇之一的怀朔镇遗址，据考古专家考证，怀朔镇最早建于北魏始光年间，距今已有1500多年的历史，当时属朔州管辖。是迄今为止发现的内蒙古西部地区规模较大的北魏古城遗址，传说花木兰替父从军就曾驻防在这里。

　　北魏为保卫国都平城（今大同），在北方陆续设置了沃野、怀朔、武川、抚冥、柔玄、怀荒国防六镇，其中怀朔镇被史家看作北魏之咽喉或六镇之首，在政治、军事、经济方面作用重大。既可屯兵防范柔然等外敌入侵，又可发挥农业生产基地效应。当时通往阴山南北的一条重要通道古阳道（今包头昆都仑沟）就由其扼守。当时，怀朔镇管辖范围大，统领五郡十三县，当时的镇将除统领怀朔镇军事外，还统领沃野、武川两镇的军事，北齐开国皇帝高洋之父从

这里起家，北齐建立后从皇帝到大臣、将领几乎都是怀朔镇人，后又有怀朔镇

人侯景灭南梁而称帝。因此，怀朔镇当之无愧地被称为"六镇之首"是北魏北方边境兴筑的六镇之一。

北魏设置怀朔镇后，北魏太武帝拓跋焘及献文帝经常亲自带兵主动向柔然进攻；494年著名地理学家郦道元陪同北魏孝文帝专门来怀朔镇巡视达七天之久。

但如此重要的军事重镇也逃脱不了灭亡的命运，由于北魏朝廷日渐腐败，524年发生了影响巨大的"六镇起义"。后历经战乱，怀朔镇很快成了荒无人烟之地。北魏永熙三年（534）朔州内迁，怀朔镇废弃。从建立到废弃整整经历了一个世纪，到今天，我们只能从遗迹中来想象当年怀朔镇的盛况规模、宏伟气势了。

美丽的鹿城——包头

包头五当召
BAOTOU WUDANGZHAO

　　"五当召"因庙前有五当沟而得名，在蒙语中，"五当"为"柳树"的意思，可见当年此处柳树繁茂。

　　五当召有蒙古、藏、汉三个名字，"五当召"是蒙藏混合语名，藏语中的"召"即为"庙"。五当召纯藏语名字为"巴达噶尔"，意为"白莲花"，因"鹰衔经冠，奶化白莲"的传说而得名，它与当时建庙选址的传说有关，也是五当召最早的名字。后因当年乾隆皇帝赐名为"广觉寺"，这个名字随即也就成了其汉语的名字。

　　五当召在历史上不仅是一座政教合一的寺庙，也是研究藏传佛教弘法化众的高等学府。其中最大的建筑是苏古沁殿里面供奉着最大的铜铸佛像以及黄教创始人宗喀巴和历代佛师。其西为却依

拉殿，其东北即为五当召的中心建筑洞阔尔殿，这里的殿门正中就悬挂着用汉、

满、蒙古、藏四种文字雕刻的"广觉寺"匾额，据说是乾隆亲书，四种文字均书写得相当漂亮。

立足于五当召最后一座大殿当格希德殿时，山下五当沟的景色一览无遗。周遭群峰拱卫、山涧流水潺潺；松生幽谷、云起林间；风声松涛，丽日蓝天。俯视山坡上的庙宇建筑，六组殿宇群落毫无规则地就势分布于山坡之上，众多的僧舍散建于谷内平地之中。整个总体布局中不见中轴线的格局，也无山门、正殿和厢房的配置，但由于工匠们的高超设计，殿宇建筑错落有致又和谐统一，丝毫不显支离破碎和重复雷同。就感觉这整座山峦就是一座气势浩大的寺庙，在这阴山深处，恍若天神所建。置身于此，人也羽化而登仙了。

02

美丽的鹿城——包头

美岱召
MEIDAIZHAO

原名灵觉寺，后改寿灵寺，在内蒙古土默特右旗，呼和浩特至包头公路北侧。

明隆庆年间，土默特蒙古部主阿勒坦汗受封"顺义王"，在土默川上始建城寺。是明万历三年（1575）建成的第一座城寺，朝廷赐名"福化城"。"迈达里胡图克图"于万历三十四年（1606）曾来此传教，所以又叫做"迈达里庙"、"美岱召"。城寺周围有土筑石包镶的城墙，平面略呈长方形，四角建有角楼，

南墙中部开设城门。院内殿堂供奉佛像，并有顺义王家族世代居住的楼院；太后庙供檀香木塔，内储太后骨灰。城寺兼具城堡、寺庙和邸宅的功能，在内蒙古地区仅此一处。

殿内壁画是美岱召的一大特色。现存壁画形象地描绘了明朝时期蒙古金国政治、宗教发展状况，被誉为壁画博物馆。

02

美丽的鹿城——包头

　　天然草甸牧场，位于群山之间，高原草甸如锦缎般铺展连绵，数不清的野花斑斓盛放，争妍斗艳，辽阔的草甸上散落着一棵棵低矮的松树。绵延的草场中，树木掩映下，一只只牛羊若隐若现……抬头仰望澄碧湛蓝的天空，感觉到的距离，是那样的近；洁白的云朵，仿佛是谁随意挂在那里，一动不动；扑鼻而来的，尽是阳光，泥土与青草的甜香，合上双眼，将那甜香轻轻地融进呼吸……那气味竟是如此的芬芳，如此熟悉，仿佛母亲的手，温柔地抚过你的面颊，令你瞬间窒息……忽然一阵山风卷起，睁眼看时，碧草如浪翻涌，绚丽花海汹汹起伏，落英缤纷，像绚彩的香风在高山的原野上飘扬，就连空中袭来的冷风亦显得格外清冽，令人尘心大涤，心境澄明……

达茂草原
DAMAO CAOYUAN

广袤的达茂草原是一片古老而神奇的土地，大自然的鬼斧神工在这里不但创造出了茫茫的草原，而且还创造出了山峦峰嶂、河谷湖泊和沟壑石林。达茂草原虽然没有内蒙古东部草原的繁花似锦，但这里的苍凉辽阔却是草原男儿的最爱。在这里放歌牧野，聆听的，是那洁白的云朵和青青的绿草，那种祥和、那种宁远、那种宽广，在这天似穹庐、笼盖四野的煌煌大景之中，酿就了这雄浑草原的凝重和奔放。

美丽的鹿城——包头

百灵庙镇
BAILINGMIAOZHEN

　　达茂旗政府所在地百灵庙镇是著名的塞外名镇，历史上是一处交通要塞。20世纪30年代，这里曾相继发生过震惊

极其走狗们一次措手不及的沉重打击，粉碎了他们企图建立"大蒙古帝国"的野心，打乱了日寇入侵西蒙的部署，打

中外的百灵庙暴动和百灵庙战役，由此使得这个小镇闻名于世。当年面对日本帝国主义"征服中国必须先征服满蒙"的罪恶计划，时任中共西蒙工委书记的乌兰夫组织百灵庙"蒙古地方政务委员会"保安队的千余名爱国官兵举行武装暴动，冲出百灵庙，给了日本帝国主义

响了蒙古民族抗日救国的第一枪。1936年11月至1936年12月，为了阻断日伪军向绥远各地进犯的企图，傅作义将军组织五千余人奇袭百灵庙，歼灭日伪军700余人，这是中国军队自1937年长城抗战以来取得的唯一一次完全的胜利，极大地鼓舞了中国人民的抗战热情。

百灵庙抗日武装暴动纪念碑

在百灵庙镇南的女儿山上，竖有"百灵庙抗日武装暴动纪念碑"。碑前是一尊立马扬刀的骑兵雕像，碑呈方锥形，高25米，正面阔1.2米—1.5米，侧面阔3.6半—8米；碑体由抗日武装暴动骑兵群雕组成，碑体上部两面用蒙汉文竖刻"百灵庙抗日武装暴动纪念碑"，下面刻中共内蒙古自治区委员会、内蒙古自治区人民政府撰写的碑文。昭示着草原民族打响抗日救国第一枪的战绩。

百灵庙镇就紧倚在女儿山之北。女儿山上的纪念碑在阳光下通体泛着金光，两条围绕在女儿山脚下的河流像银色的锦带随风飘舞。轻风斜阳，碧野山势，在这草原深处的蓝天白云之下，百灵庙，宁静而祥和。

百灵庙原来并不叫百灵庙。这里地势险要，自古以来都是兵家必争之地。

百灵庙城周共有九个隘口，俗称"九龙口"。出西山口一公里处的山顶，有康熙营盘遗址，相传是当年康熙挥师平叛噶尔丹时，路经此地的驻跸之所。所以，这里最古老的名字叫"巴塔哈拉格"，蒙古语意为"攻不破的山口"。清康熙年间，当地蒙古王爷奉康熙之命建"广福寺"，后更名为"贝勒庙"。这座庙宇与西藏、青海和内蒙古各地的寺院关系密切，全盛时期聚集了数千名喇嘛。

于是内地商人闻风而至，其中有一些好事的客商，把草原上的百灵鸟捉来，经过调教，高价转售至京津等大城市。因"百灵"与"贝勒"谐音，渐渐地"百灵"取代"贝勒"逐成地名。看着今天的百灵庙，这个地处阴山之北、达茂草原腹地的小镇，冥冥之中似乎就有一种天意所在，小镇正像其名字一样，如草原上的百灵，美丽而漂亮。

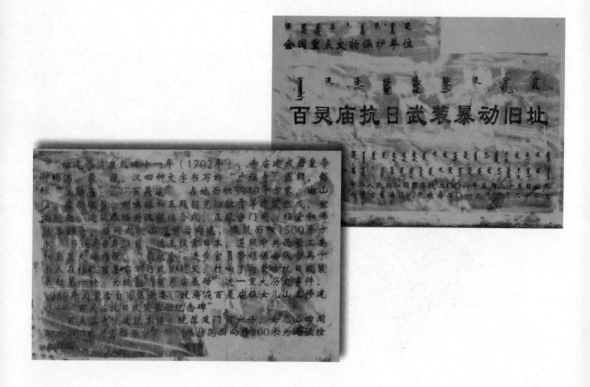

女儿山
NUERSHAN

百灵庙城南就是建有"百灵庙抗日武装暴动纪念碑"的女儿山了，山名与

观。据说，环抱的群山中的那九个隘口，每当山洪暴发，奔腾呼啸的洪水便从其

镇名一样，透着灵气。女儿山坐落在两条清澈如镜的小河汇合处的三角区中心，一条为自西向东的"艾不盖河"，它是达茂草原的母亲河，另一条为自南向北的"特儿浑河"。两条河流从女儿山脚下流来将小镇团团围住，河的外面群山环抱，形成了百灵庙山环水绕的独特景

中喷涌而出，宛如九龙吐水，十分壮观。而城南的那座女儿山，得天地之灵气、聚河水之神韵，通体散发着灵秀神幽的旋律，与周遭的环境形成了鲜明的对比。你说，这小镇的美，不是天意又能是什么呢？

山名的由来

女儿山是通向百灵庙的咽喉要道，相传康熙亲征噶尔丹时，路过百灵庙，他的大帐就设在女儿山脚下。每当夜深人静之时，总有悠扬的马头琴声从山上传来，仿佛九天仙乐从夜幕上拂下。声起人醒，康熙帝在朦胧中走出大帐驻足观看，朦胧的月色里，山上有七位白衣少女伴着琴声舞动着曼妙的身姿翩翩起舞。在如此偏远的荒蛮之地竟然还有这样的人间仙境，康熙确信这一定是上天的昭示，惊魂未定之时亲自敕名此山为"女儿山"。为了不打扰山上的女神，康熙的大军随即移师百灵庙夹皮沟的西山脚下，即现在的康熙营盘遗址。

希拉穆仁草原
XILAMUREN CAOYUAN

召河草原也叫希拉穆仁草原，但当地人更喜欢称其为"召河"。"希拉穆仁"，蒙古语意为"黄色的河"。"召河"中的"召"指的是草原上的那座清代喇嘛庙"普会寺"，在这希拉穆仁河畔，就是普会寺了，它原是席力图召六世活佛的避暑行宫。"河"就是草原上的希拉穆仁河了。

每年的7月底8月初，正是希拉穆仁草原最美的季节，草色青青，河流潺潺，阳光灿烂，风情万种。希拉穆仁草原在内蒙古地区是开发较早的草原旅游区，在召河附近，就建有很多设施完备的旅游接待点。它处于阴山的余脉，是坡度较为平缓、连绵起伏的丘陵地貌。有大片大片的平野，散落着一个个的旅游接待点。接待点内白色的蒙古包成片，在这万顷的碧野之中，恍若撒落在碧毯上的珍珠。

在召河附近的草原上，是难见到成

群的牛羊的，因为常规情况下，25亩草场可放养一只羊，但这些年来，草原上每亩草场里就放养着数只羊，远远超出了正常数量。为了保护草原，当地政府实行行政干预，使放牧的牛羊数量减少了很多。召河附近的草原也实行了禁牧，如今在这里，到处都是用铁丝网围着的草地。若是夏天雨水好的话，草可以长到近一尺多高。这里的草种与呼伦贝尔、科尔沁以及灰腾梁都不一样，远远地看着，万顷碧野之上泛着一片淡淡的白色，走近了仔细注目，那是正在结出的草籽的颜色。

赵王城
ZHAOWANGCHENG

位于达尔罕茂明安联合旗百灵庙的东北约30公里处，当地叫作"阿伦斯木"，蒙古语"许多庙宇"的意思。赵王城是汪古部赵五王府所在地。由于当时汪古部内盛行景教，所以在这里有较多的景教寺院遗迹以及景教教徽、十字架形遗物和石刻。在遗址附近及汪古部活动地区内，发现很多十字形的石刻和石棺，有些石棺上还刻有古叙利亚文的西亚人的名字。这些石刻及墓葬内出土遗物，为研究当时我国与西亚的文化交流情况提供了有价值的资料。

在夕阳下远远眺望古城，就好像镶着金色霞光的古堡立于城中，近看才知道是高大的城墙随墙而立。东北处墙体夯土最高可达3米，底宽3米有余，为一处巨大的横向长方形古城废墟，南北宽约600米，东西长约1000米。城址整体坐北朝南略偏东，它的面积足有近百个足球场那么大。四周轮廓、角楼、瓮城墟明显可见。

统观赵王城，可以想见其当年何等辉煌灿烂，它所包含的大量元代的文化遗存信息，有着不可替代的重要历史意义。

美丽的废城——包头

哈布图·哈撒儿祭奠堂

HABUTU·HASAER JIDIANTANG

　　位于达茂旗新宝力格苏木人民政府所在地查干敖包西5公里处的查干少荣山。祭奠堂占地面积60多平方米，是平顶藏式建筑与蒙古建筑的完美结合。沿石阶而上，门柱上两只雕塑威严的雄狮，正厅门前两根朱红柱子支撑前檐，平顶之上左右镶置兵器。正厅正中是一尊高约2米的哈撒儿汉白玉雕像。哈撒儿，成吉思汗同母弟，生于1164年。他从少年时代起跟随成吉思汗，为蒙古民族的形成和大蒙古帝国的建立立下了不朽的功勋，是蒙古历史上值得纪念的伟大的政治家和军事家之一。

包头市周边旅行推荐——

包头召：位于包头市东河区北梁，北梁有包头召而称召梁。该召建于清朝康熙年间，是包头市区内唯一的藏传佛教格鲁派寺院，距今已三百多年历史。

汉代麻池古城遗址：位于包头郊区麻池乡西北，是包头地区保存较好、规模最大的古城郭遗迹。清初三湖湾一带盛产青麻，其时在此有13个沤麻池，村庄固称之为麻池村。

阿善遗址：分布于大青山南坡山前台地上的"阿善"新石器时代遗址，多年来通过一系列科学发掘，清理出居住房屋遗址十余座，尤其是在西园春秋墓内发现的大量似鹿类动物头骨的殉牲，为研究包头地名的由来——"有鹿的地方"，提供了又一个新的实物佐证。

吉木斯泰：汉译"花果山"，位于百灵庙镇西北15公里处。山奇水秀，草茂花繁，怪石嶙峋，山间有一小溪潺潺流过，鸟语花香，石洞穿连，景色迷人，是达尔罕草原天然胜景观赏之地。

昆都仑召：在包头市昆都仑区昆都仑河右岸。始建于清雍正七年（1729），汉名"法禧寺"。"昆都仑"为蒙古语"横山口"。结合地形，依山傍水兴建，为藏式建筑群，无围墙环绕。

昆都仑水库：位于新城乡前口子的西北山区瓦窑坎地段，昆都仑水库泄洪水从乌拉山和大青山相接的山谷口喷涌而出，经昆都仑河注入黄河。郦道元在《水经注》中所说的石门水即指今天的昆都仑河。

包头南海：位于包头市东河区。这里曾是九曲黄河的一段故道，河水改道

南移后形成水面和滩头草地。北有青山朦胧辉映，南有黄河玉带环绕，湖中碧

波荡漾，湖滨水草丰美，风景独秀。

包头秦长城：一般是指位于包头市固阳县城北7公里处的秦长城这一段，由于多年风雨的侵蚀，已基本成路基状痕迹。但在高处，依然可见长城顺着山势上下、

状若游龙，每隔一段，尚能辨清古代烽火和城障的遗迹。

春坤山：位于固阳县大庙乡境内。山上空气清新，气候凉爽，也是内蒙古唯一一块高原草甸草场。山中有一奇景石洞沟，原始桦林郁郁葱葱，相传此沟内有一条深不见底的石洞，洞口冷风飕飕，洞内有潺潺流水。

昭君岛：位于包头市区以南约30公里处，与伊克昭盟昭君坟隔岸相望，其余三面被黄河支流所环绕，岛上建有怀抱琵琶的昭君雕像。岛内有自然水道和天然草原，四季均有候鸟在岛上栖息和繁殖，还有一种生长极为奇特的"三叶树"（一种长有三种不同树叶的树），令人赏心悦目。

石门风景区：位于内蒙古包头市北部阴山山脉的峡谷中，因流经景区的昆都仑河（古称石门水）而得名。

包头市新世纪青年生态园：位于包头市四区的中心地带，交通极为便利，区位优势明显，现已建成规模较大的一所综合性的生态基地。

03

"羊煤土气"

——鄂尔多斯

鄂尔多斯市所辖区域——
　　辖1个市辖区、7个旗，市政府
驻东胜区
　◎ 东胜区（天骄街道）
　◎ 达拉特旗（树林召镇）
　◎ 准格尔旗（薛家湾镇）
　◎ 鄂托克前旗（敖勒召其镇）
　◎ 鄂托克旗（乌兰镇）
　◎ 杭锦旗（锡尼镇）
　◎ 乌审旗（嘎鲁图镇）
　◎ 伊金霍洛旗（阿勒腾席热镇）

鄂尔多斯
EERDUOSI

　　就是原来的伊克昭盟，后来实行盟改市，伊克昭盟改为鄂尔多斯市。"鄂尔多斯"，蒙古语意为"很多宫殿"，蒙古语中的"伊克昭"意为"大庙"。无论是"宫殿"还是"大庙"，都说明这里曾是非常适合人类居住的地方。

　　鄂尔多斯有着悠久的历史和灿烂的文化，人说美国西部有个德克萨斯，中国西部有个鄂尔多斯。但是，鄂尔多斯的历史却要比德克萨斯古老得多和悠久得多。

　　到鄂尔多斯来，那些在世界上面积最大的恐龙脚印化石群和35000年前的"河套人"发祥地，会把你带入那旷古久远的历史时空。更有那一条历经数千年风雨的秦直道纵贯鄂尔多斯南北，它曾驶过"秦王扫六合"的战车、走过一代天骄成吉思汗的金戈铁骑，留下过王昭君、司马迁和郦道元的脚印。这片曾经美丽的土地，让当年的西夏王朝，越过贺兰山经河套平原而来在此建起了"统万城"，也让成吉思汗把自己的归属地也选在了这里。

秦直道
QINZHIDAO

公元前212年，秦始皇命大将蒙恬修筑一条快速来往于秦都与北方边疆地区的交通干道，史称"秦直道"。秦直道南起京都咸阳军事要地阳林光宫（今淳化县梁武帝村），北至九原郡（今包头市西南孟家湾村），长约700多公里。路面最宽处约60米，一般也有20米。它在历史上占有重要地位。如今两千多年过去了，秦直道还依然留存于这鄂尔多斯高原上，从这里逶迤蜿蜒而去。远远地看着，在这高原的山谷台地之间，其痕迹十分的清晰。

据当今一些专家多年的考证，两千多年前，王昭君从长安出发北上和亲所走的道路就是这条秦直道。就是在今天，远古秦直道沿线还有不少与王昭君有关的遗迹和传说。停车立于这秦直道边向北眺望，似乎仍然能望见在那漫无尽头的秦直道上，有王昭君孱弱的身影渐渐北去，最后与秦直道一起消失在远方阴山山脉的崇山峻岭之中。而今，新修的铁路线从这里穿越而过，或许，我们只能从铁路延伸的方向，去遥想当年王昭君是怎样在那辚辚的车轮和嘶嘶马鸣声中，面对不可预知的未来和命运，独自凄惶和黯然神伤。

响沙湾

XIANGSHAWAN

　　距离包头45公里，位于美丽的鄂尔多斯高原上，库布其沙漠自西向东漫漫而来，在响沙湾收住了它那凶猛的势头，它是我国西部沙漠向东延伸的尽头，因此这响沙湾也就有了"大漠龙头"之说。

　　响沙湾因这里的沙子会自然地发出声响而闻名。在我国有甘肃敦煌的鸣沙山、宁夏的沙坡头、新疆巴里的鸣沙山和这里的响沙湾四大鸣沙，而响沙湾是为我国"四大鸣沙"之首。

　　在响沙湾，当游人静卧沙上之时，风动沙移，沙鸣声如泣如诉，如萧如笛，凄婉低回；当游人做滑沙运动时，沙粒随之翻卷滚动，相互摩擦，声波共振，沙鸣声如同飞机从头顶掠过，隆隆作响。

油松王
YOUSONGWANG

　　位于准格尔旗纳日松镇境内，生长在一个有沙的黄土高岗上，这里干旱少雨，四周丘陵起伏，植被稀少，唯有这棵大油松岿然高耸，苍翠挺拔。苍翠欲滴的油松王与四周贫瘠的荒山秃岭形成明显的反差，增添了几分神秘感，当地群众称之为"神树"，四时供奉，常年经声不断，香火鼎盛。

　　每年农历五月十三和七月十五为油松王庙会，届时各地游人云集于此，盛况空前。在油松王北近百米处还生有一株古柏，围绕两树建有一座大寺院，寺院分前后两院，前院设有三皇庙，后院设有松王庙、药王庙、经堂、祭台等。

成吉思汗陵

CHENGJISIHANLING

位于内蒙古鄂尔多斯市伊金霍洛旗甘德利草原上，距东胜区70公里。蒙古族盛行"密葬"，所以真正的成吉思汗陵究竟在何处始终是个谜，现今的成吉思汗陵乃是一座衣冠冢。

成吉思汗陵的主体是由三个蒙古包式的宫殿一字排开构成。三个殿之间有走廊连接，在三个蒙古包式宫殿的圆顶上。金黄色的琉璃瓦在灿烂的阳光照射下，熠熠闪光。整个陵园的造型，犹如展翅欲飞的雄鹰，极显蒙古民族独特的艺术风格。

准格尔召

ZHUNGEERZHAO

位于鄂尔多斯市伊克昭盟准格尔旗准格尔召乡境内，汉藏式建筑风格。设计精巧，木刻、砖雕、绘画、壁毯，做工考究，细致逼真，栩栩如生。整个建筑气象宏伟，雕梁画栋，飞檐斗拱，金硫碧瓦。建筑布局严谨、风格迥异的堂殿鳞比，疏密有致，充分显示了宗教的神秘氛围，为鄂尔多斯最大的召庙建筑群。

准格尔召原有独立殿堂36座，虽然仅存大独殿、观音殿、舍利独宫、五道庙、千佛殿、六臂护法殿、大常署、二常署、佛爷商、诺颜商十处，但依然气势恢宏震撼人心。此外另有白塔一处。黄绿琉璃瓦的大殿与白塔，相互辉映，熠熠生辉。每年正月农历十四、十五、十六举办祈愿意法会，四月十三举办"玛尼会"，七月初七到十三举办雅尼会，集会期间鼓号齐鸣，诵经声从早到晚不绝于耳，法会的高潮便是古老的"查玛舞"，每到此时喇嘛们身着彩缎服饰，头戴各种形象的面具，伴随着浑厚威严的长号乐音，跳起了降妖除魔礼敬佛陀的舞蹈。接踵而至的香客人流，烘托出更加浓郁的藏传佛教格鲁派的神秘氛围，掀起阵阵拜佛祈福的高潮。

乌审旗

WUSHENQI

乌审旗位于鄂尔多斯的西南，在内蒙古自治区的最南端，与陕西的榆林接壤，是蒙古高原与黄土高原的过渡地带。地处毛乌素沙漠腹地，被九曲黄河三面环抱的乌审旗，自然风景秀美，素有"塞外小江南"之美誉。"乌审"由蒙语"乌拉西"一词源生而成，意为用"网套"的人。旗政府所在地为达布察克镇。

大漠孤烟直，长河落日圆，沙漠给了你一种怎样的想象？会带给你怎样的情思？

是荒凉、辽阔、博大、高远、神秘……

还是在风的雕刻下呈现的那宛如美女的曲线，光滑、精致，一直绵延到天边的那一眼望不到边的梦幻般的沙丘……

或者是漫漫黄沙不见边的一场艰苦旅程……

库布其
KUBUQI

　　一百个到过沙漠的人，也许会有一百种不同的感受，但唯一相同的是，一种说不清道不明的沙漠情怀。

　　库布其沙漠是我国八大沙漠之一，曾被称为不可治理的沙漠，定为地球的癌症。在库布其沙漠的边缘，逶迤蜿蜒而来的黄河呈无比巨大的"几"字形，宛如弓背，迤逦而去的茫茫大漠酷似一束弓弦。蒙古语中的"库布其"，意思就是弓上的弦，其弓就是指弯曲的黄河。库布其沙漠大漠浩瀚，长河如带，如诗如画的新月形沙丘链、罕见的垄沙和蜂窝状的连片沙丘是原汁原味的大漠风光。

恩格贝

ENGEBEI.

在蒙古语中有很多地名被直译成汉语后，读起来很有意韵，"恩格贝"就是如此。恩格贝在鄂尔多斯达拉特旗乌兰乡境内，距昭君坟乡不远，处于库布其沙漠腹地。

"恩格贝"蒙古语意为平安、吉祥。历史上曾绿草如茵，牛羊成群，召庙香火缭绕，是一块"风吹草低见牛羊"的风水宝地。只是在近代的几十年时间里，由于人为的掠夺性垦荒和过渡性放牧，又加上战争等因素，使得库布其沙漠如猛兽初醒，风卷残云般地扑向恩格贝，到 20 世纪 80 年代，恩格贝终于被人类遗弃。弥天狂沙日夜不停地以每年一万亩的速度越过恩格贝向黄河岸边乃至人类的生存空间逼近。

20 世纪 80 年代末 90 年代初，一批批开发治理沙漠的志愿者进驻恩格贝，这其中，以扎根于恩格贝的日本沙漠绿化实践会会长、世界著名沙漠专家远山正瑛教授最为典型，它曾发动日本国民

数千人次，荷锹背苗扶老携幼，远渡重洋到恩格贝传情播绿，如今在此植树已逾二百万株。随着一批又一批开发治理沙漠志愿者的不懈努力，如今的恩格贝，已被人们称为了沙漠中的海市蜃楼。

　　远山正瑛先生当年在日本去世后，日本友人按照先生生前的遗愿将他的部分骨灰送到恩格贝。如今恩格贝人在远山正瑛先生生前亲自选定的墓地上建起了纪念馆，其骨灰就安放在纪念馆的基座中。由远山正瑛生前老友、原中共中央政治局常委宋平亲自题写馆名。纪念馆中展出着远山正瑛先生的生平照片、部分资料和在恩格贝治沙期间的遗物。远山正瑛先生享年99岁，恩格贝人在这里种下了99棵绿色皇后樟子松，以纪念这位为人类绿化事业做出卓越贡献的"地球公民"。

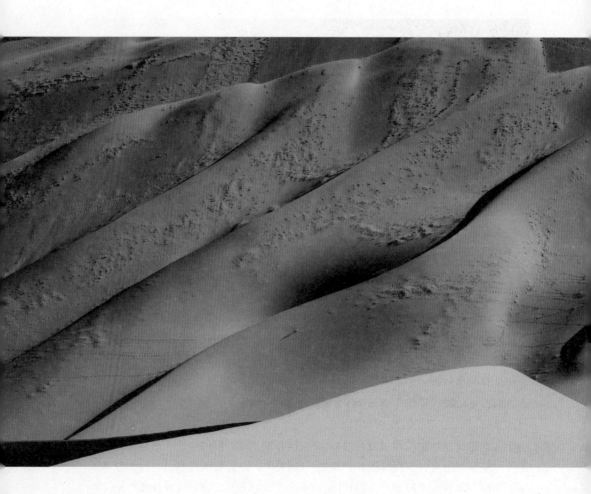

无定河

WUDINGHE

"誓扫匈奴不顾身，五千貂锦丧胡尘，可怜无定河边骨，犹是春闺梦里人"。唐朝诗人陈陶著名的《出塞行》，非常真实地再现了无定河畔金戈铁马般的悲壮历史。

无定河发端于陕西省白宇山，途经毛乌素沙漠南缘，最后注入黄河，是鄂尔多斯市境内一条最大的内陆河。无定河是灿烂的鄂尔多斯文明的发祥地。1922年，法国天主教神父，地质生物学家桑志华，首次在这里发现了一颗河套人的门齿，此后我国考古学家又多次亲临实地考察。发掘出的大量文物证明，早在35000年前，"河套人"就在这里生活着。

达拉特旗昭君坟
DALATEQI ZHAOJUNFEN

　　位于达拉特旗昭君坟乡昭君坟村，据说，这个位于黄河岸边古村落的名字很久以前就是这么叫的。

　　此处的昭君坟看上去它要比呼和浩特的昭君墓大一倍。坟高70余米，直径达200多米。如今这里已经开发成了旅游区，取名昭君城。从黄河古渡延伸而来的公路直通达这座高大的土丘脚下，并由此折向南而去。若是驱车驶至昭君坟下，陡然高耸的土丘遮了半个天空。能看到丘顶上被苍松翠柏掩映着的亭台楼阁，似乎就坐落在天幕里，在湛蓝色天空的映衬下，朵朵白云就在其前前后后游弋着。在那石径清幽之间，有飞鸟低旋。停车一路攀登而上，登临盘旋上升的小路，大有峰回路转之感。于丘顶极目眺望，南部田野阡陌纵横，北部水天一色。黄河之水天上来，一路桀骜不驯，唯独流到这昭君墓脚下，波纹平缓，性情温顺也温柔。

　　在内蒙古，有昭君墓的地方很多，到底哪一座是昭君灵魂归隐的地方，至今无人能说得清楚，昭君出塞，换来了天下太平，从此汉匈两族和睦相处。

胭脂冢

YANZHIZHONG

位于蒙古高原与黄土高原的连接处，是一处高原台地，向南就连着陕西的榆林。

03

站在这里向南远远地眺望，据说在天气晴好之际，还能清晰地看到古都长安。这里的沙土下面盛产一种被当地人称为"粉砣子"的白灰球。粉砣子生在路旁的沙地下面，刚挖出来时，圆球四周罩着一层细沙，当地人挖出运回后经太阳暴晒后沙子脱落，不沾沙子的粉砣子，内里的白灰非常细腻，当地人常常把它研碎后直接用水调起来粉刷墙壁。路边的沙地里一个个的沙坑上，被这种粉砣子的白灰洒落的一片一片，甚至还把这里黑黢黢的柏油路面也染成了白色。

传说昭君当年离开长安沿秦直道北上和亲，当走出长安地界登此高原台地处回望长安，不禁泪如雨下，而面颊上的脂粉随泪水就滴落进了这沙土之中，后来，这脂粉就形成了深埋在沙地下面的粉砣子。又当昭君转身欲上马继续北行时，不期然看到了伴在身边的呼韩邪单于那双深情的目光，她随即意识到了自己的失态，急忙在自己布满泪痕的脸庞上涂抹脂粉，却不慎将手中的胭脂盒滑落，因此，这里也就有了昭君的"胭脂冢"。

王爱召
WANGAIZHAO

　　位于达拉特旗王爱召镇。明代万历四十一年，即1613年，鄂尔多斯领主博硕克图济农按照三世达赖喇嘛旨意，在此修建召庙，这是伊克昭盟地区修建的第一座喇嘛庙，该召本名乌哈格尼巴达右拉圪齐庙，后因后裔受封郡王衔，故称"王爱召"，明朝时曾赐名"广惠寺"。

　　王爱召，位于黄河南岸达拉特旗所在地树林召东南20公里处，始建于明万历四十一年（1613），是由鄂尔多斯博硕克图济农主持修建的鄂尔多斯地区第一座规模宏大的喇嘛庙——伊克召，蒙语意为"大庙"。该召本名乌哈格尼巴达右拉圪齐庙，俗称王爱召，明朝时曾赐名广惠寺。

在许多地方，人们把僧众供奉神佛、举行宗教仪式或居住的地方称作寺庙或禅林。但到了土默特和鄂尔多斯便有把寺庙称为"召"的叫法。

王爱召曾是一座十分宏伟壮观的寺庙。庙内建有汉宫式正殿49间，东西两侧各有钟楼，山门口有四大天王殿，南面为奶奶庙、观音庙和五道庙，北面有十殿阎君、靖王庙，正殿后面有三座白塔，四周围有高墙。寺庙结构精致，彩绘艳丽，富丽堂皇，具有传统的藏汉合一的建筑风格。过去曾是鄂尔多斯地区蒙古宗教和文化中心，有"东藏"之称。然而，这座鼎盛一时的寺庙，却在1941年农历五月间，被日本侵略者大肆抢掠一空后纵火焚烧了。

鄂尔多斯市周边旅行推荐——

乌审召庙：在乌审旗乌审召镇政府所在地，曾为本旗最大的寺院，统辖全旗各寺庙。建于清康熙年间，是鄂尔多斯四大著名召庙之一。

遗鸥湿地自然保护区：位于内蒙古东胜市和伊金霍洛旗境内，鄂尔多斯遗鸥国家级自然保护区以保护遗鸥为主，是世界上遗鸥最集中的分布区和最主要的繁殖地。

草原上的"敦煌"——阿尔寨石窟：阿尔寨石窟，俗称"百眼窑"，位于鄂尔多斯市鄂托克旗公其日嘎苏木西南30公里处。

十二连城：在鄂尔多斯高原东部，准格尔旗北端的黄河南岸，现在城址内是一块农田。

阿贵庙：位于准噶尔旗境内西南，此庙群的建筑年代难以考证，是鄂尔多斯乃至内蒙古地区最古老的庙宇群。

巴图湾生态旅游区：位于陕北黄土高原与鄂尔多斯草原之间。由于水源大部分来自于沙漠泉水，所以这里是世界上最纯净的水域之一。

转龙湾旅游区：位于伊金霍洛旗布尔台格乡高家塔村境内，自然景观独特，四周以沙漠作屏，岛屿、湖水、沙漠交相辉映，形成独特的大漠孤岛风光。

郡王府：坐落在阿勒腾席热镇王府路西南，筹建于民国17年（1928），民国25年（1936）落成，是目前内蒙古西部地区保存最完整的一座王爷府。

百眼井：位于鄂托克旗境内，因废弃多年，部分已被沙土淹没。

04

绿色净土

——呼伦贝尔

呼伦贝尔市所辖区域——

    辖1个市辖区、4个旗、3个自治旗,
代管5个县级市,市政府驻海拉尔区

海拉尔区(正阳街道)

满洲里市(东山街道)

牙克石市(新工街道)

扎兰屯市(兴华街道)

◎额尔古纳市(拉布大林街道)

◎根河市(河西街道)

◎莫力达瓦达斡尔族自治旗(尼尔基镇)

◎鄂伦春自治旗(阿里河镇)

◎鄂温克族自治旗(巴彦托海镇)

◎陈巴尔虎旗(巴彦库仁镇)

◎新巴尔虎左旗(阿木古郎镇)

◎新巴尔虎右旗(阿拉坦额莫勒镇)

◎阿荣旗(那吉镇)

满洲里

MANZHOULI

位于呼伦贝尔市西部，东临新巴尔虎左旗，西接新巴尔虎右旗，南临呼伦湖，北与俄罗斯接壤。满洲是清代满族的名称，满洲里是俄语"满洲里亚"的汉语译音。

史料证明，唐、辽、金、明、清等朝代都在满洲里建立过政权机构。19世纪末形成村落，蒙语称为霍尔金布拉格，也有称布鲁给亚宝拉格的，汉语译为"旺泉"或"喷泉"，是以今满洲里小北屯附近的泉水而得名。1900年（清光绪二十六年），东清铁路西段由这里向东铺设，并在此处建火车站，定名满洲里站。此后满洲里作为地名开始使用。1927年，根据东省特别区行政长官公署《特别市乡自治试办章程》将满洲里认定为市。1949 年，扎赉诺尔与满洲里合并，称满洲里市。

满洲里地处边陲，历史悠久，古人类"扎赉诺尔人"、拓跋鲜卑古墓群和金代边壕的千古疑团已大白天下，呼伦湖、圣水泉、二子山的动人传说还在民间口口相传。

扎赉诺尔是满洲里市的一个矿区，位于达兰鄂罗木河故道两岸，20 世纪之前这里是水草丰茂的大草原，游牧在这里的蒙古民族便以这里的"达赉诺尔"湖泊，为劳动和生活的这片热土取名为达赉诺尔。达赉诺尔是蒙古语，"达赉"是海，"诺尔"为湖，达赉诺尔就是海一样的湖。后来达赉诺尔变成了扎赉诺尔。

边城满洲里

边城满洲里，是著名作家萨空了于1982年夏视察满洲里时，有感而赋诗满洲里。诗文的第一句，作家这样赞美道：边城满洲里，雄踞北大门。湖水连天碧，山峦亘地青。雁回达赍湖，鱼跃乌尔逊。灵泉喷佳酿，褐煤献黄金。

如今，扎赉诺尔已探明煤炭储量80多亿吨，扎赉诺尔已成为国家大型煤炭能源基地，正在为家乡为祖国贡献光和热。

到满洲里，是一定要到国门去的。去骄傲一把祖国的幅员辽阔，去感受一下中华民族的尊严和强大。

国门，建在满洲里市西部中俄边境我方一侧。最早的国门是20世纪60年代末修建的绿色栈桥，桥身用铁轨和角铁焊接而成，桥身两侧的栏板镶嵌着木板。面对苏联一侧的桥身上楣嵌有醒目的标语"全世界无产者联合起来"。栈桥横跨在中苏两种轨距的铁轨上，用来检查出入境的列车，习惯称为"检查桥"。检查桥的两侧各有一架铁梯，供工作人员上下，站在桥上可以俯视到过境车辆内部的一些情况。栈桥状似"大门"，又是口岸铁路进进出出的门户，人们便象征性地将其称为"国门"，国家的大门。

1989年9月1日，新建的国门交付使用。国门建筑面积789.7平方米，长25米，宽8米，高12.75米。国门外墙是乳白色麻面花岗岩镶贴，凝重典雅，国门内墙用钢筋混凝土浇筑。新建的国门庄重威严，"中华人民共和国"七个鲜红大字，镶嵌在国门乳白色门体上方，庄严的国徽高悬于上，金光灿烂，光耀

天地。

在国门下，亮铮铮的道轨伸向邻邦俄罗斯……

在我们国门对面的不远处，是俄罗斯的国门，俄罗斯仍使用苏联的国门。看到国门上的"CCCP"四个金色俄文字母，看到苏联的国徽仍镶在国门北侧的立柱上方。

满洲里地处边陲，于中俄蒙三国接壤之地，揽三国风情于一处，集三湖情韵于一曲。山水秀丽，风韵别样。步行在满洲里街头，哥特式建筑、俄式木克楞建筑，俄式尖顶式建筑楼群以及拔地而起的新建筑新楼宇，有似凝固的艺术精品时时跃入眼帘。悠扬的蒙古长调，深沉的俄罗斯民歌，铿锵的流行歌曲，不绝于耳。东方和西方、古老和时尚，在这里碰撞和融合。偶尔，还会有金发碧眼的俄罗斯女郎迎面走来，检验一下你的礼仪和风度。

满洲里市是我国北方最大陆路口岸，地处亚欧第一大陆桥的交通要冲，背靠我国东北和华北经济区，是我国环渤海港口通往俄罗斯等独联体国家和欧洲的最便捷、最经济、最重要的陆海联运大通道，承担着中俄贸易60%以上的陆路运输任务，素有"亚欧第一大陆桥"之称。

近年来，满洲里积极推进开放发展的三大战略，已成为中国经济改革的缩影，向北开放的窗口，亚欧陆桥的枢纽，满洲里正在向更加国际化、市场化、人文化、生态化的目标阔步迈进。

海拉尔
HAILAER

　　位于内蒙古自治区东北部，是镶嵌在广袤无垠的呼伦贝尔大草原上的一颗明珠。"海拉尔"这个名字，是因为如今在海拉尔城北流淌着的海拉尔河而得名。其实在蒙古语里，"海拉尔"的意思为"野韭菜"，在很久很久以前，海拉尔河两岸曾长满野韭菜，故取名"海拉尔"。

　　在如今城市化进程都在加快的时代，这个被呼伦贝尔大草原环抱的小城，依旧保留着许多的质朴和优美，如今，她有着许许多多未被现代都市的尘嚣蒙垢的美誉："北国碧玉"、"绿色净土"、"天堂里的翡翠"。

　　海拉尔周边地区景致极佳，以草原、湖泊、冰雪风光为主要的旅游景观。这里的呼伦贝尔大草原是中国目前仍保持完美（没被污染）的草原之一；人文景观同样引人入胜，东北部的嘎仙洞是鲜卑族的祖庭，具有重要的历史价值；西部的满洲里是中俄边境小城，市内的中国国门和边贸互市也是别处难得一见的所在。海拉尔同时又是一个多民族聚居的地区，这里生活着包括汉族、蒙族、回族、满族、朝鲜族、鄂温克族、鄂伦春族、达斡尔族等在内的 26 个民族，是各民族文化相互磨合相互交汇的融聚之地。

呼伦贝尔草原

HULUNBEIER CAOYUAN

在祖国的最北方，有一片中国最大的草原——美丽的呼伦贝尔大草原。是世界最著名的三大草原之一，这里地域辽阔，风光旖旎，水草丰美，世界少有的绿色净土和生灵的乐园。茫茫无际的天然牧场，清新宁静，置身在美丽的大草原之中，令人心胸豁然开朗……

04

绿色净土——呼伦贝尔

牙克石
YAKESHI

从海拉尔往东沿 301 国道（也是草原大通道的一段）约 100 公里就到，这里已经是进入大兴安岭了，属于林区，森工集团总部就在牙克石市。牙克石的云龙山庄就位于大兴安岭深处的扎墩河峡谷之内，距离牙克石市区只有几公里的路程，与著名的"凤凰山庄"旅游区毗邻。在那里能感受到大兴安岭林区的苍莽与雄浑，蜿蜒曲折的扎墩河就从脚下流过，碧绿漫漶的草色披挂在一个个浑圆的山坡之上，山涧沟壑以及沿着山顶逶迤绵延的曲线布满了茂密的松林。

伊敏河

发源于大兴安岭蘑菇山北麓的伊敏河，自南向北流，纵贯鄂温克族自治旗，穿过海拉尔市区，于海拉尔市北山下汇入海拉尔河。像一条洁白的哈达，飘扬着弯弯曲曲的优美弧线，丽日蓝天之下，浮云碧野之间，千回百转，波光潋滟。

千百年来，它就在这里恪守着这草原曲水所特有的姿势，传承着鄂温克古老的传说和流淌的岁月，把本来英雄传说遍布的呼伦贝尔大草原，流淌到了动静相宜、刚柔相济、阴阳相谐的至高境界。

04

绿色净土——呼伦贝尔

额尔古纳河
EERGUNAHE

　　额尔古纳河上游称海拉尔河，源出大兴安岭西侧，西流至阿该巴图山脚，折而北行始称额尔古纳河。一条河轻轻流淌，在这里划出一个"弯腰的人形"，于是有了"额尔古纳"（呈递奉献的意思）这个名字，这里是蒙古族先民的生息地，也是成吉思汗最后一次养精蓄锐的地方。1689年，中俄双方共同确定为界河。如今的额尔古纳早已见不到战争的痕迹，河水蓝而清澈，正如它名字的含义一样，"递献"了一份热情与温馨。额尔古纳河弯多，水流也不急。右岸是中国国境，环境十分优美。宽阔的沼泽区，芦苇与水面交叠错落，分不出哪是河，哪是苇荡，这里不时有水鸟扑簌簌飞起。边境地区，对枪声敏感，没有人来这里打猎，自然成了鸟的乐园，鸟群无拘无束在芦苇荡里遨游。

弘吉剌蒙古大营
HONGJILA MENGGUDAYING

位于额尔古纳市黑山头镇桦树林村，距额尔古纳市 35 公里。

04

绿色净土——

据元史记载："弘吉剌氏生女，世以为后，生男世尚公主……世世不绝。"《蒙古秘史》中记载：弘吉剌部落生活在大兴安岭深处，额尔古纳河及根河流域，弘吉剌部本意为"美女的部落"。成吉思汗的母亲、夫人及儿媳妇都来自于弘吉剌部落，来自于额尔古纳河畔。是这些美丽而伟大的女人们使这个黄金家族的男人们纵骏马、挽雕弓、射天狼、唱大风，以轻骑捷利的攻占之雄，推进了整个人类历史的进程，也给额尔古纳留下了可以凭吊的记忆。整个营区视野开阔，气势恢宏，在这里你能亲身感受到蓝天白云下广袤的草原，根河水环绕着美丽的湿地静静流淌，100 多个蒙古包与美丽大草原的完美结合，将蒙古人豁达洒脱的性格自然相溶，碧玉苍穹下那肥壮的畜群组成的完美画卷让您流连忘返……

室韦俄罗斯族民族乡

SHIWEIELUOSIZU MINZUXIANG

内蒙古东北部的大兴安岭林区常常被人忽视，而那里，却是中国北方最美丽的土地。被蒙古族奉为母亲河的额尔古纳河环绕着大兴安岭自西向北流淌着，流经成吉思汗的故乡室韦。民间曾有这样的传说：在成吉思汗诞生前二千年，蒙古室韦人曾遭到毁灭性的打击，只留下男女各二人，逃进额尔古纳山里。他们繁衍的后代，一名"帖古思"、一名"乞颜"。随着这个部落的人丁的兴旺，这些人便筹划出山，谋求大发展。当时有个大铁山挡住去路，他们就积木为薪，用自制的兽皮鼓风器，煽火烧山，终于烧得铁水奔流，冲开一条康庄大道，开始了全族大迁徙。成吉思汗后裔的蒙古王公，为纪念此事，每到除夕，都召集铁匠们来到内廷，举行捶铁仪式，用以答谢天恩。

室韦俄罗斯民族乡位于内蒙古自治区呼伦贝尔额尔古纳市境内，是我国内蒙古自治区现行最北部的乡（镇）之一。全乡总面积4351平方公里，森林覆盖率

74.3%。全乡 82% 的人主要从事农牧业生产。室韦乡地处额尔古纳市西北部，与俄罗斯赤塔州涅区隔河相望，边境线长 136.4 公里。境内野生动物有 20 多种。是国家一类口岸。这里自然风光秀丽，人文风俗独特，历史文化内涵丰厚。草原有限，白桦林和落叶松是这里的主角。如果是十月份去，能够见识早来的雪。室韦俄罗斯族民族乡是蒙古族发祥地，现保存有大小城遗址 10 余座，是我国唯一的俄罗斯民族乡，是以我国俄罗斯族和华俄后裔为主体的聚集地，这里大部分仍保留着较为完好的俄罗斯风格建筑。

在这里还居住着俄罗斯族人和华俄后裔。19 世纪时额尔古纳发现大量沙金，人们纷纷前来淘金，采金工们不少娶了俄罗斯女子为妻；十月革命时，一批俄罗斯贵族为避难纷纷来到额尔古纳定居。经过一个世纪的通婚，逐渐形成了一个新的民族——"华俄后裔"。他们虽然从相貌上还有着俄罗斯人的特征和部分生活习惯，但一口地道的当地方言，让人唯有慨叹时间、历史和文化的奇迹。

小镇没有城市的喧闹，街上行人也极为少见，穿行于古风独特的小镇上，"中央大街"由沙石铺就，干爽清洁，街两旁有邮电局、电影院、商店、车站，小镇的建筑多是独立的"木刻楞"。隔河相望是俄国小镇奥洛奇，一派异国风光，绿草如茵，繁花似锦，清风习习，令人悦目清心。经常会有俄国女子穿着泳衣旁若无人地戏水。偶尔会看见有人在临河而钓，或许，那只是在钓一河蓝色的意境。

04

根河湿地
GENHE SHIDI

　　根河是额尔古纳河的一个支流，与得尔布干河和哈乌尔河在额尔古纳市西北交汇形成一个洪泛平原，像一个三角洲，两岸的河漫滩、柳灌丛、盐碱草地、水泡子及其支流像一条银色玉带弯曲束裹着平坦的草原，宛如璀璨的明珠镶嵌在额尔古纳绿树丛中。根河的水在茂密的绿植间穿行而过，把最美丽婉约的那段留在了额尔古纳，河谷湿地两侧的高坡上有大片的白桦、落叶松的观赏林，城市就在旁边，形成人与自然的完美融合。额尔古纳是一座城市，也是一条河，更是一段历史，富饶优美的土地上承载着蒙古族的心灵和精神的神奇大地。这里有着多民族发祥地共同的符号，曾经是人类走出森林走向文明的起点，今天从现代文明走来的人们，从喧嚣的城市走向静谧的山野湖泊、峡谷密林，记忆的回归之路，也是人类为了未来重新回到人与自然和谐发展的心灵洗礼之途，重返自然的回归点。

新巴尔虎左旗
XINBAERHUZUOQI

位于呼伦贝尔市西南部，东与陈巴尔虎旗、鄂温克自治旗相连，南与兴安盟阿尔山市为邻，西临新巴尔虎右旗，西北连满洲里市，北与俄罗斯以额尔古纳河为界，西南与蒙古接壤。

新巴尔虎左旗历史悠久，早在 1 万年前，著名的"扎赉诺尔人"就在这里生存，创造了呼伦贝尔的原始文化。以后的东胡、匈奴、鲜卑拓跋、蒙古等也曾在这里休养生息。成吉思汗统一蒙古草原后，这里是右翼万户长木华黎的统辖区。清朝雍正十二年（1734），成立了新巴尔虎左翼四旗，是军政合一的纯游牧旗。1932 年改为新巴尔虎左翼旗，1959 年改称新巴尔虎左旗。

"巴尔虎"是蒙古族中最古老的一支部落，最早在贝加尔湖东北部的巴尔虎真河（今俄罗斯境内巴尔古津河）一带从事游牧和渔猎生产。按蒙古人以山河湖泉及游牧驻地名称命族名的习惯，部族名称便被称为"巴尔虎"了。

住呼伦湖以西，杜古尔带领的人住呼伦湖以东，于是有了一左一右之分。大概是这个缘故，新巴尔虎后来有了左、右两旗的称谓。

新巴尔虎左旗，北部丘陵开阔，中部草原平坦，南部为大兴安岭北麓林区。境内有哈拉哈河、乌尔逊等大小河流16条，大小湖泡198个，构成有草原、森林、湖泊、矿泉、河流、珍稀动植物、山岳、湿地、荒漠、冰雪等自然景观。新巴尔虎左旗旅游特色突出，是世界少有的纯天然、无污染的绿色净土。其中呼伦湖国家级自然保护区和辉河自然保护区，鸟类繁多，是观鸟和进行科考的最佳地域。南部的樟子松风景区，是典型的草原风光。这里有著名"七仙湖"旅游景区，又称道乐都。道乐都湖泡星罗棋布，水草丰美，樟子松林带连绵起伏，野生

巴尔虎通常是指陈巴尔虎旗、新巴尔虎右旗和新巴尔虎左旗。据说在1730年前后，巴尔虎部牧民从贝加尔湖逐步迁徙到大兴安岭北定居，先到的便被称作陈巴尔虎人（陈为先到的意思），居住地即称为陈巴尔虎旗。后来的则称为新巴尔虎人，居住地称为新巴尔虎旗。新巴尔虎旗又分为左右两旗。因为迁到这里的牧民，据说是由色楞和杜古尔弟兄俩人带领的，色楞带领的人

动物时隐出现，成群鸥鸟盘旋天空。陶森诺尔疗养度假村容观光和疗养为一体，陶森诺尔的蒙古语意为油泡子。每当夏日来临，泡子经烈日暴晒，水面上便浮

出一层金黄色油，因含多种矿物质和化学元素，已成为风湿、类风湿、皮肤病、心脏病、骨结核、腰肩盘突出、动脉硬化、静脉曲张等患者医病和疗养的地方。

新巴尔虎左旗政府所在地为阿穆古朗。1925 年，额尔和木巴图出任新左旗总管时，见这里地势高于四周，而且水源丰富，便选择阿穆古郎为旗所在地。阿穆古郎得名于北坡上的几眼清泉，泉水四季长流，不但甘甜可供人畜饮用，而且对腰腿疼、肠胃病等许多杂症有医治效用，当地群众便把泉水称作"阿穆古郎阿日山镇"，意思是带来康乐的泉水。

在阿穆古郎镇北 20 公里的草原深处，有一座始建于 1781 年竣工于 1784 年的寺庙，清乾隆皇帝赐号授匾为"寿宁寺"。由于寿宁寺曾收藏过藏文《甘珠尔经》，故而又得名为"甘珠尔庙"。甘珠尔庙是呼伦贝尔市最大的喇嘛庙，在国内外享有很高的盛誉，在自治区千余座喇嘛庙中名列第 16 位。据史料记载，甘珠尔庙在历史上几经补建、扩建，至新中国成立初期已形成总建筑面积约

1 万平方米的规模，集中原、蒙古、西藏三种建筑风格为一体的一座古代宫殿式大型庙宇。庙中主供释迦牟尼、官布、扎木苏伦等佛像，其余铜、银镀金佛像 2500 余尊，还有大量的悬空式、壁画式佛像。所存经、典、律、论 3000 余卷，单行本约 2 万余册。甘珠尔庙中喇嘛最多时曾达 4500 余名，常住庙者 400 余名。甘珠尔庙曾培养出 133 名喇嘛医，为草原上的牧民治病除疾，也为蒙医蒙药的发展留下了宝贵遗产。甘珠尔庙在清代曾是新巴尔虎左右两旗的总庙，过去每年举行两次规模宏大的庙会，尤其五月的庙会，附近的蒙古人不用说，就是远至蒙古恰克图、张家口口外的蒙古人也千里跋涉到甘珠尔庙进香参拜。甘珠尔庙在蒙古地区颇具盛名的另一个原因是，它系西藏格鲁派六大寺院之一的甘肃夏河拉卜楞寺的属庙，甘珠尔庙的宗教活动、僧人学经等方面，都仿照拉卜楞寺的制度。甘珠尔庙是当地的宗教圣地，也是旅游胜地。

新巴尔虎左旗, "诺门汗"战场

当你驻足于这片美丽宁静的土地上，或许不曾想过这里曾经发生过一场鲜为人知的战争——诺门汗之战。

诺门汗，旧译"诺门坎"，当年诺门汗之战的战场，位于新左旗南部的罕达盖—将军庙—阿木古郎一线，其中包括属于蒙古国的哈拉哈河沿岸地区，双方交战的中心是现在的新左旗诺门罕布日德苏木一带。

诺门罕之战的主题词，是在中国的领土上，侵华日军发动了一场对蒙古人民共和国的战争，企图占领蒙古人民共和国哈拉哈河地区，进而实现蓄谋已久的"北进计划"，联合德国从东西两线夹击苏联。

诺门汗之战交战的双方，一方是苏、蒙联军，苏联红军将领朱可夫为前线指挥官。朱可夫在诺门汗战争中一举成名，后来参

与指挥了苏德战场几乎所有重大战役，被誉为"苏德战场上的消防队员"。另一方是日本关东军和伪满军队，关东军最高司令长官是植田谦吉，小松原中将和荻州立兵中将先后任前线指挥官。诺门汗之战失败后，植田谦吉被迫辞职，

小松原战后被转为预备役，后来羞愧难当切腹自杀身亡。参谋长冈本大佐双腿被打断，后被乱刀砍死在病床上。

1939年5月，诺门汗之战爆发。初期，日军一度占有空中优势，地面部队处于主动地位。6月以后，战局开始发生扭转。7月初，日军第4坦克联队奔袭苏军第36摩步师重炮阵地侥幸得手。但随后苏军在空战、坦克战、炮战方面接连取胜，又连续几次击溃日军步兵"猪突冲锋"，日军有生力量被大量歼灭。8月20日，苏、蒙联军在朱可夫的指挥下发起总攻，日军伤亡惨重。左翼部队只剩下7名军官和87名士兵，旅团长小林少将右腿被打断。右翼部队中了苏军埋伏，森田彻大佐率队突围时身中数弹毙命。诺门罕前线的日军最后仅剩下400余人，只有骑兵联队100多人成建制逃出。日军损耗5.4万兵员和大量重武器，全线崩溃。9月16日，日军被迫

停战求和，苏、蒙联军取得战争的最后胜利。

这场战争从1939年5月至9月，历时135天，在不足600平方公里的沙丘上，双方投入兵员20多万人，飞机900余架，火炮500余门，坦克装甲车上千辆。这场战斗无论是空战还是地面交锋，在当时的世界军事史上都是空前的，可以说是世界上最早的一场大规模立体化战争，在世界反法西斯战争史上写下了光辉的

一枚，表彰第三路军在诺门汗战争中给予苏军的强有力的军事支持。

诺门汗之战，后人很少提及。胜利者苏联忙于进行卫国战争一系列重大战役，已无暇顾及诺门汗之战。蒙古虽称诺门汗之战为建国后唯一一战，但终因宣传力度有限，没有产生太大影响。战败国日本损兵折将丢尽颜面自然不愿张扬，而伪满洲国于战后不久便灰飞烟灭，更无人实录。故而诺门汗之战世人知之

一页。

特别值得一提的是，在诺门汗战争中，我东北抗日联军第三路军总指挥李兆麟将军及支队长王明贵率部主动出击嫩海平原的日军，以遏制日军向诺门汗调兵增援，配合苏联红军主战场的反击。战后，苏联政府曾授予李兆麟红旗勋章

甚少。但诺门汗之战无论在政治上还是军事上，都堪称二战初期亚洲战场上的关键一战，不仅沉重打击了日本帝国主义的嚣张气焰，有力地支援了中国人民抗击日本帝国主义的侵略，而且迫使日本将"北进"苏联改为"南下"袭美，使苏联避开了与德、日两线作战的危险

局面，加快了第二次世界大战的胜利进程。

弹指一挥间。诺门汗战争已远去70

多年，昔日战场上的炮火硝烟早已散尽，但在诺门罕这块土地上，人们仍然可以看到当年日军构筑的碉堡战壕以及焚尸坑遗迹。现在，新巴尔虎左旗已将诺门汗战场遗址辟为旅游区，在诺门汗布尔德苏木还建有战争遗物陈列馆，向人们开展爱国主义思想教育。这些战争遗址和遗迹会时时警示人们，牢记历史，珍惜今天，决不允许历史的悲剧重演。

诺门汗之战的隆隆炮声，使诺门汗的名字载入世界军事史册中。

历史悠久，文化浓郁，山川秀美，民风古朴，也使新左旗成为世人瞩目的边陲明珠。

莫尔道嘎国家森林公园

MOERDAOGA GUOJIA SENLINGONGYUAN

地处内蒙古自治区额尔古纳市莫尔道嘎镇，是目前国内面积最大的森林公园。莫尔道嘎，一说是由成吉思汗命名。当时每逢打仗出发前，成吉思汗总要大喊"莫尔道嘎"，"莫尔道嘎"的意思就是"上马出征"，后来打仗常常获胜，因此此地取名为莫尔道嘎。

公园森林风景资源独具北国特色，保存着我国最后一片寒温带明亮针叶原始林景观，地理位置优越，南邻呼伦贝尔大草原，北接中俄额尔古纳界河，山峦起伏，古木参天，植被丰富，溪流密布。

04

苍狼白鹿岛

CANGLANGBAILUDAO

在莫尔道嘎国家森林公园内，激流河注入额尔古纳河入河口上游处，有两个修长小岛相偎而卧，河水呈"S"形回环于两个小岛之间，岛上野花丛生，红豆遍地，松黛桦橙，山光水色，美不胜收，阑勒"（意为白鹿）来到激流河边繁衍子孙，渔猎为生，死后便化作两个小岛，交颈而卧，相依为伴，后来成吉思汗功成名就，回室韦祭祖，游猎于此，夜作一梦，但见一只"苍狼"和一只"白鹿"，

这就是为当地百姓讲述着许多传说的"苍狼、白鹿岛"。

相传远古时，蒙古部落与突厥部落发生战争，仅两男两女幸存逃到额尔古纳山中。其中一对男女，丈夫叫"孛儿帖赤那"（意为苍狼），妻子叫"豁埃马阑勒"来到激流河边繁衍子孙，渔猎为生，死后便化作两个小岛，交颈而卧，相依为伴，后来成吉思汗功成名就，回室韦祭祖，游猎于此，夜作一梦，但见一只"苍狼"和一只"白鹿"，伤痕累累，奔跑哀鸣。醒后召集随从解梦，得悟莫忘祖先劫难，大业未就，且勿高枕无忧。于是派其弟拙赤·哈撒儿带兵讨伐兴安岭的"林中百姓"。凯旋后，便将额尔古纳流域包括这两个小岛分封给了哈撒儿。

达赉湖
DALAIHU

也称"呼伦湖",内蒙古第一大湖。达赉湖生物圈保护区位于内蒙古呼伦贝尔草原西部,隶属满洲里市。当地流传着一个动人的故事。说很久很久以前的一天,草原突然遭到了风妖和沙魔的侵袭。它们所到之处狂风大作,黄沙蔽日,草原危在旦夕。草原人民被迫背井离乡,去寻找绿色的土地。这时天国派来了分别化名为"呼伦"和"贝尔"的一对天鹅,她们与魔鬼展开殊死搏斗,战胜了恶魔。为了防止悲剧再发生,她们决定永久地庇佑这里的草原。最后她们手拉着手变成了"呼伦湖"和"贝尔湖"。辽阔的湖水挡住了风沙,滋润了大草原,孕育了多民族的文化,草原从此恢复了往日的生机和活力。

04

绿色净土——呼伦贝尔

龙岩山
LONGYANSHAN

位于莫尔道嘎镇中东侧，因西坡横亘一条长200余米的龙形巨岩，龙头高竿，威武峥嵘；龙身苍劲，铁骨铜甲；龙尾挺峭，深藏山中。龙岩山因此而得名。

胜景之最当数夏季时花木繁茂，鸟语花香之胜景，特别是雨过初晴，清晨登上山顶：山下，秀美的林城炊烟袅袅，宁静安逸；山上，幼林明亮母林幽。待到朝霞乍露，淡粉色的云霞在森林间升腾，如果幸运的话还能看见东方天际霞光四射，显现出佛光闪烁，一派吉祥气象。著名摄影家白海琦在国际摄影大赛上获金奖的《升腾》即摄于此。

布里亚特蒙古族

布里亚特部是蒙古族的一个古老的部落，《蒙古秘史》称作"不里牙惕"。其先民一直在贝加尔湖一带森林草原地区，从事牧畜和狩猎生产。1207年，术赤受成吉思汗之命率大军征服"林木中百姓"，布里亚特部成为成吉思汗的属部。其后多次迁徙，16世纪后开始在额尔古纳河、贝加尔湖、色楞格河流域一带草原上游牧。俄国十月革命后，俄国白匪阿塔曼、高尔察克、谢苗诺夫等残部被苏俄红军击败，退到布里亚特地区顽抗。他们到处抢劫役马和财产，绑架适龄男子当兵，民不聊生，布里亚特蒙古人居住的草原变成了战场。1918年初，布里亚特蒙古人陆续迁入呼伦贝尔新巴尔虎右翼旗境内。1922年，经呼伦贝尔副都统衙门批准，160余户700余人迁入今鄂温克旗锡尼河地区建立布里亚特旗，辖4个苏木，一直居住至今。现在，布里亚特蒙古人有6000余人。

新巴尔虎右旗
XINBAERHUYOUQI

位于呼伦贝尔市西南部，北邻俄罗斯，西和南部与蒙古人民共和国接壤，东北连满洲里市，东隔呼伦河、乌尔逊河与新巴尔虎左旗相望。

巴尔虎是蒙古族中历史最为悠久的一支。还在蒙古统一之前，"巴尔虎"一词就已见诸于一些史书里。巴尔虎古称"拔野古"，最早见于突厥阙特勤碑文上。每朝每代对巴尔虎的称谓都有不同，清代起，始称巴尔虎。雍正十二年（1734），清政府为"移民实边"，将蒙古喀尔喀车臣汗部3000名巴尔虎蒙古人迁入呼伦湖、贝拉哈河、乌尔逊河下游一带，编为两翼八旗称新巴尔虎。其中驻牧在呼伦湖、乌尔逊河以西，克鲁伦河为新巴尔虎右翼四旗。"巴尔虎"才作为固定称呼确定下来。巴尔虎通常是指新巴尔虎左旗、新巴尔虎右旗和陈巴尔虎旗。1932年新巴尔虎右翼四旗统编为一个旗为新巴尔虎右翼旗，1959年改称新巴尔虎右旗。

壮哉——新巴尔虎右旗！

古老神奇的克鲁伦河，
从这里缓缓流过，
深情地滋润着茫茫草原，
载着多少美好的传说……

一曲深情动人的歌声把我们带到天骄故地——新巴尔虎右旗。

踏上新巴尔虎右旗，便踏上了天骄故地，沿着克鲁伦河顺流而下，河水"载着多少美好的传说"，日夜流淌着述说着……

古老的克鲁伦河，发源于蒙古人民共和国肯特山东麓，自西而东到佐修奴勒庙附近进入我国境内，向东流经阿敦础鲁、阿拉坦额莫勒缓缓流入呼伦湖。克鲁伦河，汉书称卢朐河，辽史称胪朐，金史称龙居又作龙驹，元史称为怯绿连河，清时改称克鲁伦河直到今天。克鲁伦是蒙古语，可译为光泽之意。千百年来，克鲁伦河日夜流淌，以其母亲般的温柔和博大的胸怀"深情地滋润着茫茫草原"，"输送着甘甜的生命乳汁"，"恩赐人间安康快乐"。克鲁伦河哺育了一个伟大的民族，也造就了一位伟大的民族英雄——成吉思汗。1162年，成吉思汗的父亲也速该把阿秃儿随忽图剌罕征讨塔塔尔，出战全胜，俘获了塔塔尔首领铁木真。此时，也速该的夫人生下一子，也速该便以所获塔塔尔首领的名字为儿子命名为铁木真。铁木真在动乱中诞生，在苦难中成长，在征战中把自己造就成无与伦比的民族英雄。1206年铁木真被拥为汗，号成吉思，建立了蒙古贵族政权——蒙古国。从此，中国北方第一次出现了统一各部落而成的强大、稳定而不断发展的民族——蒙古族。在成吉思汗的号令下，一支浩浩荡荡的蒙古铁骑出征了，横扫欧亚，征战南北，赢得了天下，赢得了世人的赞叹……克鲁伦河

"留下千秋无量功德"，被蒙古族誉为"母亲河"，而受到后人世世代代的尊崇和颂扬。

缓缓流淌的克鲁伦河，还会记得在他的中岛上有一座大斡耳朵。大斡耳朵译成汉语就是行宫。

古代蒙古人实行氏族外婚制，同氏族内部禁止相互通婚。1170年铁木真九岁了，按照族外婚的传统习俗，也速该决定到铁木真舅父所在的斡勒忽纳部去为儿子求婚。这一天，也速该带着铁木真前望斡勒忽纳部。走在路上，被弘吉剌部贵族德薛禅看见了，问也速该领着儿子到哪里去。也速该告诉他，要到孩子母舅那里去替铁木真求婚。德薛禅说我看你这儿子，两眼明亮，面上有光，以后会成大事。你知道，我们弘吉剌部从来就是出美女的地方。也速该，请到我们家去吧，我有一个姑娘能叫你满意，

你去相相。说着就把也速该父子领到家里。

德薛禅的女儿叫孛儿帖，比铁木真年长一岁。也速该见姑娘果然长得出色，就替铁木真做了主。第二天，也速该和德薛禅就为铁木真和孛儿帖定下了婚约。

铁木真没有忘记幼年时父亲给他定下的亲事，他长大了，已经到了结婚的年龄，1179年，铁木真十七岁。按照习惯铁木真预备了九九彩礼：配着玉辔和嵌有宝石鞍子的骏马九匹，还有途中预备换乘的马匹二九，牛羊三九，由一峰佩戴银鼻圈儿和系有整套缨穗的白驼做领头。顺克鲁伦河而下，到了弘吉剌部德薛禅家与孛儿帖完婚。德薛禅看到强壮的铁木真来了，非常欢喜，高高兴兴的让女儿孛儿帖嫁给了铁木真。还在克鲁伦河专门为新婚燕尔的铁木真夫妇修建了一座大斡耳朵。在以后的日子里，

铁木真在这里得到孛儿帖无私的爱情，也在孛儿帖的全力支持下做过许多重大的决策。

由于克鲁伦河水的不断冲刷，当年建造在克鲁伦河的大斡耳朵，今天已成了一座岛屿，岛上的大斡耳朵至今仍依稀可辨。

克鲁伦河静静地流着，流经新巴尔虎右旗政府所在地——阿拉坦额莫勒镇。

新兴的草原小镇阿拉坦额莫勒，坐落在克鲁伦河北岸。阿拉坦额莫勒，是蒙古语金鞍子的意思。

马鞍形的小山被誉为"阿拉坦额莫勒"，宝歌德乌拉则是草原人民心目中的圣洁之地。

在草原小镇南方如茵的草原深处有一座名叫宝歌德乌拉的大山，也深情地珍藏着成吉思汗的战斗身影。"宝歌德乌拉"是蒙古语，汉语为"神山"或"圣山"之意。相传成吉思汗率大军西征时，一日遭到敌军袭击，大汗便率队伍躲进宝歌德乌拉山，大军一进入山里，霎时天气大变，浓雾弥漫，遮天蔽日。追上来的敌军，见山上山下云雾翻腾。怀疑山中有伏兵不敢进军攻打，便后撤守候。但等了三天三夜也不见成吉思汗的踪影，只好鸣金撤军返回交令。得知敌军退去，成吉思汗率军走出大山，望着高大雄伟

的宝歌德乌拉山，大汗万分感激。他抚胸以告长生天，我得以免灾，仰仗圣山搭救，日后我必祭祀圣山，我的子子孙孙亦当与我一样祭祀。说罢，大汗面向太阳把腰带挂在脖子上，摘下帽子挂在手上，弯身拜了九拜，又洒马奶酒祭祀。此后，成吉思汗的子民们没有忘记大汗的许愿，每当春风浩浩绿草茵茵之时，牧民们就进山祭祀。自1738年以来，每年的农历五月十三和七月初三，已成为祭祀活动的固定时间。每次祭祀，这里方圆百里的人民，不约而同地要在宝歌德乌拉山举行隆重的民间祭山活动，向宝歌德乌拉山致祭施礼，祈求圣山保佑草原人畜两旺，事事平安。

克鲁伦河流过阿拉坦额莫勒镇，划了一道弧后注入呼伦湖。

呼伦湖是我国第五大淡水湖，湖面宽阔、湖光浩渺、山色迷茫。

在呼伦湖西岸，有一处被湖水三面环抱的峭壁，在峭壁东临的湖水里，有一高10米左右，周长20余米左右的柱石拔地而起，柱石下粗上细，上有道道石痕纵横交错，石缝间筑有鸟巢，时有水鸟飞出，翱翔湖上。这一柱石，就是传说中的成吉思汗拴马桩。

马，是蒙古族人民的亲密伙伴和益友，战马在草原征战中如同战士的弓矢、

04

绿色浔长——呼伦贝尔

刀枪一样重要。

　　成吉思汗在长年累月的战斗中，不忘挑选和调教战马。他亲手调教驯服的八匹草原骏马，不但能日行千里夜走八百，而且在战斗的危急时刻多次救过成吉思汗的命。在成吉思汗大战仇敌泰亦赤兀部落时，两军相遇，展开了一场

阵，刀劈马踏，直杀得敌人溃不成军，鬼哭狼嚎。这时，一支冷箭突然向成吉思汗射来，与敌将正杀得难解难分的成吉思汗毫无防备，就在这千钧一发之际，久经沙场的红鬃马凌空而起，用躯体挡住了冷箭，顿时，鲜血从红鬃马的脖子处流出。成吉思汗见战马为救自己负伤，

搏斗厮杀。泰亦赤兀人不顾伤亡拼命抵抗，战斗十分惨烈，十分艰难。成吉思汗组织军队多次冲击，反复厮杀，都被顽强的敌人一次一次地打了回来，战斗一直打到夜幕降临，也未能击溃泰亦赤兀人的抵抗。这时，敌人的援兵就要赶到，形势已到危急关头。成吉思汗便决定再组织一次进攻，进攻中，他如同一头被激怒的雄狮，挥舞着锋利的战刀，骑着心爱的红鬃战马，一马当先冲入敌

不禁怒从心生，大吼一声，把敌将斩落马下。

　　成吉思汗的势力越来越大，让克烈部感到威胁，便联合其他部落突袭包抄成吉思汗。成吉思汗猝不及防，率部匆忙应战，刚刚摆好御敌阵势，敌人就蜂拥杀来。两军杀声震天，硝烟滚滚，恶战半日，伤亡惨重。尽管成吉思汗的部队奋力冲杀，仍然不能取胜。眼见敌兵越来越多，成吉思汗只好下令退兵，撤

到牧草丰美的呼伦湖附近，成吉思汗安下大营，一面召集旧部和扩充军队，一面抓紧训练士兵，调教战马。成吉思汗每天都用清澈的湖水为自己心爱的八匹骏马洗涮。当他站在山头上眺望北方草原，谋划着统一草原的计划时，八匹骏马耐不住悠闲的寂寞，都扬鬃奋蹄，嘶鸣不止，渴望着随同主人征战沙场。天长日久，巨大的拴马石被马缰勒出一道又一道纵横交错的纹路。后来，成吉思汗率部从呼伦湖杀出，南征北战，东拼西杀，终于完成了统一草原的宏伟大业。呼伦湖畔的柱石，也因成吉思汗在此拴过战马，而留下一段传奇故事，在草原上世代传诵。

千年流淌的克鲁伦河经历了巴尔虎草原的沧桑巨变，昔日的天骄故地早已旧貌变新颜。克鲁伦河"千折百回一路歌"，唱罢天骄故地古老的传说，又将为天骄故地的美好今天和壮丽的明天放歌。

鄂温克草原
EWENKE CAOYUAN

　　位于鄂温克旗境内，属大兴安岭西麓，距离海拉尔市区南十多公里，是一片典型的坡地草原，迂回曲折的伊敏河像一条洁白的锦缎忽隐忽现在万顷碧野之间，巴彦呼硕草原旅游区便位于此。

　　在草原坡地的最高处有"天下第一敖包"，是歌曲《敖包相会》的地方。站在这最高处东望，能看到苍茫的大兴安岭山势就游走在天际间，而隐在南方天幕之下的就是鄂温克族聚居的伊敏苏木，一个恍若世外仙境的草原小镇。夜色来临之际，能看到草原上美丽的星空，银汉横陈在头顶，如勺的北斗悬挂，有一颗就闪在那草丛中。

红花尔基森林公园

HONGHUAERJI SENLINGONGYUAN

　　位于内蒙古呼伦贝尔市鄂温克旗境内，是一个著名的旅游景区。这里拥有全国唯一、亚洲最大的沙地樟子松原始森林，红花尔基樟子松林素有草原屏障、国界长城、绿色瑰宝之美誉。

　　蓝天碧野下，蒙古包炊烟袅袅，如火夕照中，雄浑的牧歌悠悠；众多的溪流似珍珠碧玉般散落于森林草原之中，河道狭窄弯曲，似九曲回肠，湖水清净，似镜面倒映，泉水喷涌，四季不竭。登临高处，辽阔的呼伦贝尔草原，千里沃野无际，万顷绿毯尽收，大兴安岭山峦起伏，峻岭云迷。森林草原，高山沟谷，蓝天白云，溪泉河湖均构成了四季不同的壮美景象。

五泉山自然保护区
WUQUANSHAN ZIRANBAOHUQU

　　位于内蒙古呼伦贝尔草原与大兴安岭北麓交汇处鄂温克镇境内，阿拉贤山脉的五泉山下。

　　因保护区内有"额日格尼阿尔鲜"（生命之泉）、"加列尼阿尔鲜"（智慧之泉）、"巴音布拉格"（富饶泉水）、"昂了布拉格"（珍贵泉水）、"维纳阿日善"（圣泉）5眼清澈甘纯的泉水而得名。五泉为天然冷泉，甘甜清凉。泉水依次从路边石缝间汩汩涌出，经过短暂的小溪淙淙流入旁边的沼泽草原。

莫尔格勒河

MOERGELEHE

在呼伦贝尔的陈巴尔虎草原深处有一条"天下第一曲水"之称的莫尔格勒河，金帐汗蒙古部落也位于这里，此地是以游牧部落为景观的旅游景点。这里是呼伦贝尔有名的天然牧场，每到水草丰美的季节，这里就会聚集很多游牧的牧民，形成一个自然的游牧部落。茫茫大草原上茵茵的牧草，弯弯曲曲的河水，成群的牛羊，点点的蒙古包……构成了一幅完美的草原风情画。

流淌着莫尔格勒河的陈巴尔虎草原，具有丰富的历史文化内涵。东汉初年，游猎民族鲜卑族拓跋部从东北大兴安岭的大鲜卑山密林中走出，分支举族南迁，其中一支沿根河向西越过大兴安岭，然后沿莫尔格勒河来到了广阔无垠的呼伦贝尔大草原。海拉尔河和莫尔格勒河的河水把鲜卑人滋润成英雄的游牧民族，呼伦贝尔独特的自然环境终于将鲜卑民族从中国历史舞台的后方推向前台。广袤的草原开阔了鲜卑民族的胸怀，游牧生活锻炼了他们骑射的本领。他们在这里真正骑上了马背，进行了必要的准备，历经磨难，于258年占据大漠，南迁阴山。他们不断追求，勇于开拓，终于跃马弯刀，问鼎中原，于386年建立了著名的北魏王朝，继而统一北方，使鲜卑民族成为我国历史上第一个入主中原的北方民族。

金帐汗部落
JINZHANGHAN BULUO

金帐汗旅游部落位于呼伦贝尔市陈巴尔虎旗境内号称"天下第一曲水"的莫尔格勒河畔，这里就是"天苍苍，野茫茫，风吹草低见牛羊"的呼伦贝尔草原腹地，是中外驰名的天然牧场，中国历史上许多北方游牧民族都在这里游牧。据传1202年，铁木真向汪罕和札木合等蒙古贵族保守势力发起了一场讨伐战役。这场战役发生在今陈巴尔虎旗莫尔格勒河谷中会屯山一带，所以蒙古史书中也称"会屯战役"。铁木真率部从左侧也就是从今兴安岭西麓突然袭击了敌人，当打乱了敌人阵势后，铁木真部撤回会屯山上，敌人以为铁木真阵败而后撤，便紧跟追杀过来，这时铁木真部从山上射出无数支箭，像暴风雨般下来，然后像猛虎般冲杀下山来，敌人败下阵来四处逃窜。通过"会屯战役"的胜利，铁木真进一步巩固了自己的汗位，征服了蒙古高原的东部地区，在雄伟的呼和温都尔附近，美丽富饶的莫尔格勒河谷中架起了铁木真的金帐，庆贺了这场辉煌胜利。

每逢夏季，陈巴尔虎旗走"敖特尔"的蒙古族和鄂温克族的牧民便在这山清水秀，水草丰美的地方，自然形成游牧部落群体。蓝天白云，茵茵绿草，群群牛羊，点点毡房，袅袅炊烟，使这里成为世界少有的绿色净土和生灵的乐园。

吉尔果山天池

JIERGUOSHAN TIANCHI

位于扎兰屯市吉尔果山下，距柴河镇以西40公里，方圆约1.5公顷，水深6~7米与驼峰天池、犴沟天池等组成了柴河景区的天池群，而吉尔果山天池是其中景色最为壮观、秀美的一处天池景观。

关于基尔果山天池，还有一个"宝镜变天池"的美丽传说。相传，一群仙女耐不住天宫的寂寞，便飞到人间游玩。当她们看到柴河流域风光美丽如画，胜似仙境，便纷纷飘落于此。她们在清澈见底的河水里游来游去，嬉戏玩耍。尽兴之后，她们对照圆镜梳妆打扮起来。梳妆打扮完毕之后，一个一个拖着长长的彩裙飞走了。过了一会儿，一个年轻美貌的仙女又飞了回来，原来是回来寻找遗忘的宝镜的。仙女飘来飘去，寻不到宝镜，恋恋不舍便欲归去，突然发现自己的宝镜遗落在大山顶处，已经变成了一座镶嵌在山顶的天池。天池平滑如镜，水光潋滟，圆圆的泓湖水，宛如一轮满月，清清楚楚倒映着群山的倒影。美丽的仙女看得呆了，久久不忍离去，直到众姐妹多次催促，才恋恋不舍地飞回了冷寂的天宫。

扎兰屯景区

ZHALANTUN JINGQU

　　包括扎兰屯市及西北一带大兴安岭山地。山上松桦茂密，山巅或有奇峰异石；山谷中溪泉众多，水量充沛，在密林深谷中有不少飞瀑涌泉；溪水汇集流入雅鲁河和绰尔河，河旁草木茂盛，河中又有许多丛林绿洲，自然形成若干处可供旅游观光的风景点，组成一处范围很大的驰名风景区。

敖鲁古雅鄂温克族乡

AOLUGUYA EWENKEZUXIANG

位于呼伦贝尔盟根河市最北部的敖鲁古雅河畔，根河市西郊。内蒙古最北的一个乡。是鄂温克族最远也是最神秘的一个支系居住的地方。

敖鲁古雅驯鹿之乡在呼伦贝尔最北部的根河市满归镇以北约17公里处，有一处以狩猎和放养驯鹿为主的小镇，这是一处位于大兴安岭森林中的鄂温克民族乡。

这里几乎家家户户都放养驯鹿，走

在小镇的街巷上，不时可以看到拉着雪橇急驰而过的驯鹿，这种动物身躯强健，以白色和褐色最为多见，生性耐寒，很适合在高寒地区生活。

敖鲁古雅鄂温克族，又称"使鹿鄂温克"，是中国最后一个狩猎部落，

是中国唯一饲养驯鹿的少数民族。现在，敖鲁古雅使鹿鄂温克人仅有230多人，却浓缩了整个北极圈的寒带森林文化——敬畏生命，感恩自然……

"敖鲁古雅"是鄂温克语，意为"杨树林茂盛的地方"。三百多年前，他们来自更北方的西伯利亚。他们世代以打猎和饲养驯鹿为生，拥有自己传统的生活方式。这里每人都有一个俄罗斯名字，遇到重名，就在后面加上特征，比如乡上有三个玛利亚，后面加上大、中、小以区分，也可以加上自己的姓。

20世纪50年代以前，鄂温克族猎民仍然保持着原始社会末期的生产、生活方式，吃兽肉、穿兽皮，住的是冬不防寒、夏不避雨的"撮罗子"，以驯养驯鹿为生。如今，鄂温克猎民的生活条件发生了巨大变化，但淳朴的民俗民风却始终保留着。

国家给敖鲁古雅乡人建立了定居地，但驯鹿只能生活在森林里，所以除了在定居点的部分村民，密林中还散布着7个猎民点。最近的布冬霞猎民点距市区40公里。

作为一支曾以游猎而闻名的鄂温克部落，枪与山林在每一个敖鲁古雅猎民心中都留下了不可磨灭的痕迹。"鹰的眼，狼的胃，兔子的腿"，猎民们经常这样形容自己。虽然猎民们迁下山来，但是一些老人还住在山上的猎民点里。这样做，一是因为驯鹿要吃山上的苔藓才能生存，二是他们离不开那片养育过自己的山林。

长期的原始封闭状态让敖鲁古雅鄂

温克猎民保留了原生态的民族文化。他们信奉"萨满"，拜祭树神，用桦树皮制作生活用具。据当地人讲，鄂温克猎民从不砍伐活树，宁可走到很远的地方去扛回枯死的树木作为烧柴。在野外，他们则吸食一种"口烟"（猎民们自制的一种提神用品），避免吸烟用火。

常年与森林为伴，鄂温克猎民最快乐的娱乐方式就是歌舞了。燃起一堆篝火，男女老少手拉手围着火堆形成圆圈，自左向右转动，歌声由低到高，速度由慢转快，热闹异常。他们唱的歌词大都是怀念故乡、欢迎客人、赞美祖先打猎等，以此表达思念，抒发感情。

贵客进门，绕过地中央熊熊燃烧的篝火，在客位上落座后，女主人会端盘拿碗，把热腾腾的鹿奶，香喷喷的鹿肉或熊肉，烙得焦黄的白面饼，一一摆在你面前请你品尝。这时你会惊异地发现，面前的杯、盘、碗、碟全是用桦树皮制作的。这些桦皮器皿上，还刻有各种花纹、图案。就连你拿在手里的筷子，也是用兽骨精心制作的，洁白漂亮。鹿肉、鹿奶茶、桦皮餐具、兽骨器皿，这些鄂温克人极为普通的饮食和生活用具，可能都是你生平头一次见到和享用，它会令你领略到敖鲁古雅人的风土人情，终生不忘。

04

绿色诗书——碧海寻宝

阿里河镇
ALIHEZHEN

　　鄂伦春自治旗旗政府所在地，位于大兴安岭东南麓，是鄂伦春自治旗各族人民政治、经济、文化、交通的中心。阿里河东连北国林城加格达奇，西邻鄂伦春自治旗吉文镇和甘河镇，全镇居住着鄂伦春、鄂温克、达斡尔、蒙、汉、回、满等13个民族。

　　阿里河镇拥有丰富的旅游资源。拓拔鲜卑石室旧墟嘎仙洞、鄂伦春民族博物馆、相思谷原始森林、拓拔焘森林公园、布苏里军事度假山庄等景区，让人们感受到人类文明遗迹，体会到阿里河独特的民俗风情和优美的自然环境。

鄂伦春民族博物馆

鄂伦春民族博物馆位于阿里河镇中心，是我国最大的县级博物馆，博物馆内有一艘用桦木制作的船，这就是有鄂伦春"诺亚方舟"之称的桦皮船。

馆内设鄂伦春狩猎文化陈列厅，由"兴安猎神"、"攫取经济"、"传统工艺"、"物质生活"、"精神生活"五部分组成。

展厅内，大型景观、动物标本、人体模型与实物、图片有机结合，全面展示了鄂伦春族的狩猎文化特征，颇具观赏性、知识性和学术价值。

04

绿色泽长——呼伦贝尔

127

嘎仙洞的传说

GAXIANDONG DE CHUANSHUO

在很久以前，被人们称为"天神般的首领"嘎仙，一天打猎回来，得知有个九头魔鬼满盖偷占了"嘎仙洞"，嘎仙带着巨大神箭赶去。九头魔鬼见嘎仙带着巨大神箭赶来，便说："这个仙洞已经归我啦"。嘎仙打量了一下，说他是个蠢笨废物。九头魔鬼一听把自己说成个废物，便提出要与嘎仙比武，谁把挡在洞门的这块大石头扔得远，胜利者就是仙洞的主人。九头魔鬼先举起挡在洞门的那块大石头，运足了力气，扔在甘河边上。嘎仙轻轻地把那块巨石托回来，一跺脚，扔到甘河对岸那座岭上，不偏不倚，直立在山岭顶上，嘎仙站在这块石壁板上也踩出了一个大脚印。九头魔鬼服输了，又提出比箭法，要射刚才扔过去的那块石头的正中心。九头魔鬼弯弓搭箭，可因九个脑袋行动各异，连射三箭也没射中，而嘎仙一箭就射穿了巨石中心，还射出一个圆洞。九头魔鬼一看吓坏了，撒腿就跑。从此，鄂伦春人把石洞叫做嘎仙洞，那座射穿的山峰叫"窟窿山"。

鄂伦春自治旗

ELUNCHUN ZIZHIQI

位于呼伦贝尔盟东北部，旗政府所在地为阿里河镇。东与黑龙江省嫩江县隔嫩江相望，南连莫力达瓦达斡尔族自治旗、阿荣旗，西临根河市、牙克石市，北与黑龙江省呼玛县接壤。

鄂伦春旗，古为东胡之地，辽属东京道，金为蒲与路辖地，元为辽阳行省所辖，明属奴儿干都司福余卫。清初，鄂伦春为索伦部的一部分，康熙二十二年(1683)，隶属黑龙江将军布特哈总管衙门管辖。1951年建立鄂伦春自治旗，是我国成立的第一个少数民族自治旗。旗政府所在地为阿里河镇。

旗内河流纵横交错，湖泊星罗棋布，是少有的丰水区。优美的自然景观和独具特色的鄂伦春民族文化艺术以及人类文明遗迹，为自治旗增添了更加绚丽的色彩。

猎乡——鄂伦春自治旗

"高高的兴安岭，一片大森林，森林里住着勇敢的鄂伦春。一呀一匹烈马，一呀一杆枪，獐狍野鹿遍山岭，打也打不尽……" 这首歌，25岁以上的年轻人基本上都会哼哼几句，但是歌里面唱的至少也是几十年以前的事了。

鄂伦春，族称，最早见于清朝文献中，崇德五年（1640）以"俄尔吞"出现。以

两音相近，因此又称为山岭上的人。

鄂伦春族居住在大、小兴安岭的林海之中，茫茫林海山峦叠翠，俊秀清幽，美不胜收，赢得了许多作家诗人的厚爱和赞美。1961年夏秋之季，几位中国著名的文化名人来到鄂伦春，发自肺腑的感叹和赞美化作笔端佳妙之句，于是人民艺术家老舍赋诗曰："蝉声不到兴安岭，云冷风清暑自收。高岭苍茫低岭翠，幼林明媚母林幽。黄金时节千山雪，碧

后又有"俄罗春"、"俄乐春"、"俄伦春"之称，均为同音异写。鄂伦春是鄂伦春语，语意一，因鄂伦春人在很早的年代里使用过驯鹿，鄂伦春语称驯鹿为"俄伦"，故称之使用驯鹿的人。语意二，鄂伦春语称山岭为"奥伦"，"奥伦"和"鄂伦"

玉溪潭五月秋。消息松涛人语里，良材广厦遍神州"。

历史学家翦伯赞漫步于甘河，见漫山遍野的杜鹃花灼如霞，激情吟唱："兴安岭上甘河滨，杜鹃花开万古春。几十万年今逝矣，松桦依旧撼烟云"。

教育家叶圣陶见甘河水清见底水草徐徐袅动，有感而赋："波流水草成文理，澄澈甘河天影蓝。高柳临柳蝉绝响，清秋景色宛江南"。

千百年来，鄂伦春人于密林而居以狩猎而生，独特的生产方式和生活方式创造了浓郁而瑰丽的游猎文化。

鄂伦春人在漫长的狩猎生活中，积累和掌握了丰富的狩猎经验、知识和技巧。狩猎讲究季节性，譬如打鹿，每年二、三月份是"鹿胎期"，五、六月份是"鹿茸期"，从九月到下雪前是"鹿围期"，入冬降雪后便是"打皮子期"。依照季节顺序出猎，被称作"红围"而视为吉祥，就可以猎取到最好的鹿胎、鹿茸、鹿鞭和鹿皮。狩猎也要掌握方法，还以打鹿为例，打鹿的方法有堵截、设围、追捕、

蹲碱场及使用鹿哨诱骗捕猎。鄂伦春人精骑善射，枪法百发百中。叶圣陶盛赞之："倏见乌鸡应声落，神枪无愧鄂伦春"。百步穿杨的本领是练出来的。男孩子从七八岁开始，家里的大人们就要培养他们对狩猎的兴趣和技能，跟大人们钻林子鸣枪放铳捕杀猎物。到十五六岁就已练就了一手好枪法，再大些便能单枪匹马地独闯山林世界。出外狩猎也有些忌讳，不能告诉别人的去向，也不能事先做狩猎计划。对猛兽不能直呼其名，遇见老虎要叫"宝如坎"或"木奴才文格齐"，是神或长尾巴的意思。把熊喊作"阿马哈"就是大爷，而且在猎到熊后要有一系列仪式，直到最后把熊的骨头用草包裹好放在树上，供烟磕头，还得装模作样的哭几嗓子仪式才算完毕。

鄂伦春人认为火是自然界的一大神灵，能取暖、照明、煮食，也能给人带来灾难，便拜其为"透欧博如坎"即火神。在每年的腊月二十三和正月初一的早晨，全家人都要拜火神，向篝火进香，要向火里投放肉块和洒下酒水，继而全家人向火跪拜叩头，然后才给家中长辈磕头拜年。到亲朋好友家拜年，也要先拜火神。

会迸溅火星的木柴烧火，怕触犯了火神。每逢喜庆佳节人们都要燃起篝火，围着篝火唱歌跳舞直到夜深。20世纪90年代，根据鄂伦春族的传统和群众意愿，政府确定每年的6月18日为篝火节，篝火节便成了鄂伦春人唯一的民族传统节日。

鄂伦春人有自己的民族语言，却无传统文字，一般使用汉字。鄂伦春人的

每天吃饭时也要供奉一下，须先向火里扔些肉、饭食等物。对火也有忌讳，不能往火上倒水，不能拿刀叉火，不能用

文学作品多是口头创作并代代传承，有神话、故事、传说、寓言、谚语等，神话故事多是以人类起源、祖先的传说和

狩猎生活为内容。如《恩都如创造了鄂伦春人》，《魏加格达汗和孟沙雅拉》，《毛考代汗的传说》，《嘎仙洞和窟窿山的传说》，《兴安岭和甘河的传说》等在民间广泛流传。

鄂伦春族是个能歌善舞的民族，善于用歌声和舞蹈来抒发情感，表达对未来生活的憧憬。鄂伦春舞蹈动作夸张节奏明快，富有生活情趣。

鄂伦春人从远古走来，而今虽已"兴安岭上林如海，鄂伦春旗百事新"。但古朴的民风奇异的民俗，仍释放着巨大的磁力和闪烁着迷人的光环，吸引着世人的目光。

在鄂伦春旗境内，有一处闻名中外的国家重点文物保护单位，是非去不可的，这就是被史书称为"鲜卑旧墟石室"的嘎仙洞。

鲜卑族，是我国古代的少数民族，属东胡的一支，居住在嘎仙洞一带的是鲜卑族的拓跋部，后南迁到阴山南麓和河套一带。386年，杰出的首领拓跋珪重建代国旋改国号为魏，先定都平城（大同）后迁洛阳，史称北魏。在北魏统一中国北方170余年里，创造了大同云冈石窟，洛阳龙门石窟、甘肃敦煌石窟以及北岳恒山悬空寺等多处佛教文化古迹。534年北魏分裂为东、西魏，分别由今呼和浩特人高欢和今武川人宇文泰把持朝政。539年，东魏攻取西魏玉璧城失败，大丞相高欢命大司马斛律金以《敕勒歌》鼓舞士气斗志。于是斛律金高声唱道：

敕勒川，阴山下，天似穹庐，笼盖四野。

天苍苍，野茫茫，风吹草低见牛羊。

据说，斛律金在高唱这首牧歌时，

04

"音调遒劲，势动苍穹，诸将默然和之"。其万众同喉之气势，足以使对手胆战心寒。

《敕勒歌》从此传播开来，脍炙人口而百世传诵。

经考证，此洞及石壁祝文内容与《魏书》记载基本一致。这是一份保存了1500多年的原始"档案"，具有重要的科学价值，对研究鲜卑民族史、疆域史，提供了一个直观依据。名不经传的鲜卑族从嘎仙洞一路雷霆直下黄河流域，成为我国历史上最早入主中原的北方少数民族，使中原与边陲一脉通连息息相关，促进了统一的多民族国家的形成和发展。

有诗曰：

"时越千余载，鲜卑万里迁。
莫道长城阔，云冈连嘎仙。"

呼伦贝尔盟旅行推荐——

海拉尔国家森林公园：位于内蒙古呼伦贝尔盟海拉尔市区西部，在清朝曾被列为呼伦贝尔八景之一，是中国唯一以樟子松为主题的国家级森林公园。

扎兰屯吊桥：位于扎兰屯市区北部，是一处集自然景观和人文景观于一体的综合性娱乐场所。

陈巴尔虎旗：地处呼伦贝尔大草原的腹地，西北与俄罗斯隔额尔古纳河相望。碧野千里，河流弯曲，林海连天，资源丰富，位置优越，气候宜人。

伊克莎玛国家森林公园：根河市满归镇周围的一片区域，人口较少，自然资源几乎未经过任何破坏，是难得的一片绿地。

根河湿地：额尔古纳市郊（北山）的根河湿地，这里是亚洲第一大湿地，这里涵盖了额尔古纳除原始森林外几乎所有类型的自然生态系统。

雅鲁河漂流：距扎兰屯市区北部的雅鲁河漂流，因其动感、避暑、参与性强等优势而成为"北国第一漂"。

喇嘛山：坐落在呼伦贝尔牙克石市最南端的巴林镇郊外，被誉为"中国第一冰臼"。

四方山生态旅游区：坐落于风景秀丽的诺敏河边，是一座四面无山从平原上突起的小山，达斡尔语谓之"博克图"。

呼和诺尔：位于内蒙古呼伦贝尔盟，因其旁边的呼伦湖和贝尔湖而得名。

乌兰泡：又称"乌兰诺尔"。乌尔逊河北流至距呼伦湖南80公里处分成两支，汇成乌兰泡。

激流河：又称贝尔茨河，位于阿龙山镇西的激流河与阿龙山河交汇处，阿龙山是贝尔茨河的源头，此河流入中俄界河额尔古纳河、汇入黑龙江。是北部原始林区水面最宽、弯道最多、落差最大的原始森林河。

呼伦湖的支流乌尔逊河：位于呼伦贝尔市新巴尔虎右旗和新巴尔虎左旗交界处。河流两岸地形平坦，发源于贝尔湖北岸，北流注入呼伦湖，上游为额尔古纳河水系的哈拉哈河。河漫滩上苇柳丛生，湿地较多。

甘珠尔庙：又称"寿宁寺"，是呼伦贝尔地区最大的喇嘛庙，因此庙收藏过《甘珠尔经》，故又称此庙为甘珠尔庙。

莫力达瓦达斡尔族自治旗（简称莫旗）：隶属于内蒙古自治区呼伦贝尔盟，是全国仅有的三个少数民族自治旗之一，地处内蒙古自治区呼伦贝尔盟东部，大

绿色漫长——呼伦贝尔

兴安岭东南麓，嫩江西岸。是一片充满生机的沃土，也是一片尚未开发的处女地。

达斡尔族民族园：位于莫旗登特科镇内的斡包山上，是我国唯一集达斡尔民族的历史、文化和生态旅游于一体的民族风情园。

托扎敏乡：托扎敏乡又叫"托河"，还有个别号叫做"猎民新村"。托河之所以出名是因为这里居住着不少相对比较纯正的少数民族，里面住的至少一半是鄂伦春人，乡里还有硕果仅存的一个撮罗子，是给外地人参观的。

秀水风景区：坐落于扎兰屯北2公里的羊鼻梁山下，滨洲铁路的两条铁轨与之蜿蜒并行。两岸风光如画，青山叠翠，碧水回环，林木葱茏，蝶恋蜂萦。

柴河风景区：坐落在大兴安岭中南段东坡绰尔河流域，两岸近千平方公里形成了20多座火山，火山口大多数在海拔千米之上。

鹿鸣湖：原名三号沟泡子。位于兴安林场西侧，三面环山，南面是湖的出口，水流入哈拉哈河，与杜鹃湖流出的水汇合在一起向西流淌。湖边水草丰茂，常有鹿群出没，鹿鸣呦呦，故称"鹿鸣湖"。

汇河口：位于扎兰屯浩饶乡西南4公里，绰尔河、托欣河两河在此处相汇，形成巨大水面，犹如巨龙在山脚下咆哮东流。两岸山岩高耸入云，如擎天玉柱直插苍穹。

成吉思汗拴马桩：位于呼伦湖北岸，新巴尔虎右旗所在地阿拉坦额莫勒镇。

牙克石凤凰山庄：位于大兴安岭森林和呼伦贝尔草原的交汇处扎敦河畔。冬季降雪自然形成滑雪道，多条雪道迂回于林中，积雪期长达5个月。

达尔滨湖国家森林公园：位于鄂伦春自治旗境内，诺敏河与毕拉河流域中上游，公园内河流纵横，水流湖泊密布，主要有诺敏河、毕拉河、扎文河等，均属嫩江支流。

宝格德乌拉山：位于新巴尔虎右旗阿拉坦额莫勒镇。

黑山头"古城遗址"：额尔古纳河入口处的东部沼泽台地上。是金、元时期的遗址，距今已经有700多年。

敖包山：呼伦贝尔最大的"敖包"祭祀区，紧邻黑山头"古城遗址"。

哈克镇：位于呼伦贝尔市海拉尔区，独具特色的边境小镇。

布苏里山庄旅游区：位于大兴安岭甘河支流的一条山河谷地内，原为东北最大的综合后勤军事基地。

圣山峻岭

——兴安盟

大兴安岭
DAXINGANLING

　　是内蒙古自治区的主要山系，东接小兴安岭，西邻呼伦贝尔盟，南濒松嫩平原，北与俄罗斯联邦隔江相望。是我国保护完好、面积最大的原始森林。走进这一如当地民风般纯朴沉实的大兴安岭林区，人就会有一种被突然消弭的感觉。当你悄无声息地穿行在林区窄窄的马路上，每有长风吹过，路边的林海中便有绿色的波澜欢快奔流、激荡澎湃，偶遇有林雾的地方，刚才还看见薄如蝉翼，迅即间便集聚、弥漫，淹没了密实的林木。能看见路边的松枝上有雾珠凝结，晶莹剔透，颤颤欲滴。风吹来，林雾散去，如柱的阳光穿透林间。有时停下车来走进路边的树林，不敢走得太远，生怕找不到回去的路。想象着当年生活在这大山林中的人们，他们独自一人走进这大森林，或打猎，或采参，或是远离仇家，隐入茫茫的林海，该是鼓足了多大的勇气，克服了多么强烈的恐惧心理。

乌兰浩特
WULANHAOTE

如果不是它富有蒙古族特色的名字以及那些满街蒙汉文字夹杂的标牌，没有人会将这里与一个少数民族聚居的城市联系起来。谁能想到，这一地处大东

觉出，这里的男人依旧还秉承着成吉思汗驰骋天下的豪然大气，那种不拘小节的热情与好客，一时间就会把人与人之间的距离拉得很近。最让人感受深刻的

北草原腹地的草原城市竟与深处内陆的小城别无两样，街上行人的服饰西装革履，见不到半点的马靴皮帽，走到哪里听到的都是熟悉的不能再熟悉的那东北口音，这已经是一个被高度汉化了的城市。只是当你用心地去感受时，才能感

是这里的女子，一袭青衣，素面朝天。她们虽然没有京城女子的那种贵族之气，也没有沪上名媛的那种刻意的流行时尚，她们却让人感觉美的纯正和质朴，就感觉这种美可以一直走进你的心坎里，那是最本真最天然的美。

阿尔山
AERSHAN

　　位于大兴安岭岭脊中段。属于寒温带大陆性气候，全年气温较低，年平均温度零下3.2℃，冬季漫长，达7个多月。冬季降雪量平均达36.8毫米。积雪覆盖期为150多天。有中蒙边境第三大陆路口岸，有第四条，欧亚大陆桥的桥头堡。阿尔山矿泉是世界最大的功能性矿泉之一。有冷泉、温泉、热泉、高热泉等温度不同、功能各异的饮用和洗浴矿泉逾百眼。是中蒙边境的小城，人口仅有6000人，是目前我国最小的城市，它有我国最著名的温泉，"阿尔山"蒙古语的意思便是"热的圣水"。

　　它坐落在雄浑壮丽的大兴安岭的群山之中，四周被美丽的呼伦贝尔、广袤的锡林郭勒、英雄的科尔沁和苍茫的蒙古国大草原所环绕。走近阿尔山，最令人难忘的便是它秋夜里那一方纯净的蔚蓝。

　　凡是在这一方纯净的蔚蓝里流连盘桓过的人，他们是否发现自己拥有这么美丽的夜色不得而知，但是，每一颗能感知这一切的心灵，从这里收回的，定是属于他自己的风景。

阿尔山的神泉

AERSHAN DE SHENQUAN

阿尔山地处祖国的北疆, 坐落在雄浑壮丽的大兴安岭的群山之中, 九月的阿尔山, 大兴安岭的秋韵在这里凝聚, 四大草原的灵气在这里交汇, 凝聚交汇的山中小城松桦林泉翠峦、花红草绿天蓝。

阿尔山, 是天地造化的精灵, 她的美, 不可言状。没到阿尔山, 一切语言的描述都毫无意义; 到了阿尔山, 你会觉的一切语言都显得苍白无力。

阿尔山的全称为"哈伦阿尔山",

蒙古语意为"热的圣水", "阿尔山"不是"山"。

相传当年成吉思汗统一蒙古草原时曾在此被敌人击败并退扎到山脚下小溪边, 见这里清风阵阵, 绿草茵茵, 溪水

潺潺，泉眼笃笃，战士们都跳下马背至泉旁争饮。喝下这山中清洌的甘泉，他们顿时觉的疲累全无、精神抖擞。成吉思汗在此召集旧部，最后终于实现了统一蒙古草原的惊天伟业。因此，成吉思汗便赐此处名为"哈伦阿尔山"，而这山里的泉水也就有了"神泉"的美誉。

后来，有人在此先后发现了多处的矿泉群，其中，在阿尔山市南山脚下的矿泉疗养院最为著名。在南北长 700 米、东西宽 70 米的地带，密密匝匝地排列着 48 处泉眼，晶莹澄澈的泉水日夜奔涌不息。

这里的泉眼有的就近在咫尺，却一如探汤，一如握雪，温差大的令人不敢相信。更为神奇的是，这些矿泉的排列形状酷似一个仰卧的巨人，出在巨人不同部位的泉水就是针对治疗人体的相对部位，百试百验。所以，在如今的温泉博物馆内，每一眼泉水旁都竖有一个标识牌，有头泉、脚泉、眼泉、胃泉等。更有甚者，在这些众多的泉水中，有一处的泉水被标识为"问病泉"，人若是在其中洗浴，五脏六腑哪有病哪就会有明显反应。

五里泉
WULIQUAN

因距离阿尔山市 5 华里而得名，这是一处露天的矿泉。位于玫瑰峰的公路边，一面靠山，是雄伟的大兴安岭主脉，其他三面是一片长满青草的湿地。泉水旁的小亭子上有当年杨成武将军的题词"圣水奇泉"，清澈甘洌的泉水就在路边那半米见方的小池子里，日夜不停地向外奔涌着。据说这泉水中富含 20 多种人体所必需的微量元素，比如今商家摆上柜台出售的任何瓶装矿泉水都优质，而在阿尔山，这些优势的矿泉水每天就如此的白白流淌了，阿尔山人真心的好奢侈。

在附近方圆 300 公里之内，凡是开车来阿尔山的人，车子上都会备上几个大的塑料桶子，专程到这里灌满泉水带回饮用。传说五里泉是月亮沐浴的地方，沐浴了五里泉水，月光才清凉如水，而人若用五里泉水洗脸，肌肤会变的温润可人。

这五里泉确实有灵气，据说阿尔山的居民至今没有一例心脑血管和癌症患者，这是否都与他们每天饮用灵泉有关呢？五里泉是阿尔山人的饮用水源，每天清晨，他们都会汇聚到五里泉边，把一桶桶清澈甘洌的泉水挑回家，挑着一山的鸟鸣，挑着满身的花香，挑着一天的清爽。好羡慕生活在这大山深处的人们，他们远离尘嚣，他们生活的简单而快乐。

玫瑰峰

MEIGUIFENG

沿五里泉旁的公路前行 20 余公里，就到玫瑰峰了。玫瑰峰就位于公路边，

而这条公路据说就是成吉思汗当年阙奕坛之战的军事通道。成吉思汗当年为统一蒙古草原与敌军在此激战，不幸脖颈中箭，但他顽强地冲下山峰，带伤指挥军队与敌军拼杀，赢得了阙奕坛之战的胜利。成吉思汗的鲜血染红了山石，血

滴落在地上化做鲜红的野玫瑰，所以后人就把这座山峰称作了红石砬子，又叫做玫瑰峰。

一片青山之中，唯有此处裸露着一处呈玫瑰红色的山石，堆砌成峰。远远地望着，是那么醒目，确实让人感觉非常的奇特，在一片顺着公路绵延而去的青青山势中，唯有此处的山石突兀而出。怪石嶙峋之中，有的像迎风披甲的战将，有的像直插云霄的宝剑，还有的像奔突嘶鸣的战马，似乎上苍有意在此点化，又让人觉得不可思议。沿着用火山石铺就的登山石阶登至峰顶，峰顶的草坡上开满了碎碎的黄花，顺着上升的坡势铺展而去，一直到远处与云天相接的山林边缘，峰北就是阙奕坛草原，茵茵草色一片。能看到有黑色的燕子在峰间盘旋，还有数只乌鸦，鸣声不断。峰下林中的木屋，就是玫瑰庄园了，玫瑰红色的屋顶，隐在一片盛夏的葱茏绿意之中，哈拉哈河就从前面缓缓流过。

风情绝美的阿尔山天池

金秋时节的阿尔山，是一年四季中最美的季节。樟子松的绿、针叶松的橙、山柞树的红、稠李子的紫、白桦林的黄，色彩纷呈。人行其间，仿佛浸入一片五颜六色的海洋中，连思绪都是五彩的。

阿尔山天池在海拔1300米以上，位于天池岭峰顶，是一高位火山口湖泊。上山的路旁丛林密布，阳光透进林间，各色的秋叶落满一地，在阳光的照射下，斑斑驳驳，使人分不清哪是落叶、哪是光斑。走在新修筑在林间的青石台阶路上，丛林中幽静无比，会不时地听到各种山鸟的鸣啭，透过头顶山林密实的缝隙还能看到翱翔在蓝色天幕上苍鹰的影子。一鼓作气登上山顶，视线豁然开朗。头顶是宝石蓝色的天幕和象牙白色的云朵，湖畔樟松白桦合围，池边水草茂盛，一泓碧水就在这些缤纷色彩的簇拥下显于眼前。呈椭圆形的一池秋水酷似一扇洞开的天门，把周遭的这一切全部纳于其中。一时间疑惑，天空原来可以这么的低，低的就让你踩在脚下；白云原来可以如此的用水洗，洗过的云片不需风干就如此轻盈。纷呈的色彩可以如此地浸在水中而不会相互串染，永不褪色，永远鲜活。来到阿尔山天池，才知道什

么叫风景如画，而美景如斯，直让你忘却了身在何处，通体犹自轻盈。

阿尔山天池是继天山天池和长白山天池之后的第三大天池，天山天池有入口而无出口，长白山天池有出口而无入口，而阿尔山天池却出入口全无，但它却久旱不涸、久涝不溢。一年四季水位不升不降，人说它与地心相通。站在这阿尔山天池无边的秋色里，能让人感受到什么叫蓝天、白云、绿树、碧水、青草浑然一体，赤、橙、黄、绿、紫色彩纷呈，青山绿峰之间无一不是细致耐看的风物。

石塘林

SHITANGLIN

位于天池之东，大约有二十多公里的路程，阿尔山最美的时节是在秋天。无论远山近丘，所看到的每一棵花草树木，在这季节的边缘，都凝聚起了其一年的绚烂。

驱车在林间穿行，你会看到路两边的林木越来越密实，以至于只能看到头顶上的一线天。前行到不远，眼前就会突然显出一片空地，密实的林木被一处堆积成山的黑色岩石所替代，黑乎乎的石头似乎是由人工有意堆积于此，周遭尽是阿尔山的秋色，唯此一处黑乎乎的一片，那颜色与周遭绚烂的秋色是那样的不协调，看上去让人感觉有些不舒服。当地人说，这样的堆积完全来自天然，

它被人叫了一个很奇怪的名字："石塘林"。

风景如画的阿尔山，在亿万年前曾是火山岩浆活动频繁而强烈的地带。"石塘"似乎是一个地质名词，在阿尔山此处的一千平方公里地带，遍布着远古时期多次火山喷发所形成的地质遗迹，其中最为壮观的就是眼前这大黑沟一带的石塘地貌。当年这里火山熔岩奔涌喷发，在此遇到哈拉哈河水相阻而冷却，但后

面的熔岩流却继续向前流动，把冷却后的处于半塑态或固态的岩石推碎，变成岩块向前运动，并不断受阻。力与火、火与水相互较力，这个世界在新生中毁灭，在毁灭中新生，沧海桑田过后，在此集中形成了多种多样的熔岩形态，嶙峋如林。

在石塘林风景区，有人工新修的木栈道蜿蜒曲直在形态各异的熔岩之间，似乎一直走不到尽头。在这寸土不积、滴水难存的石塘内，最引人注目的就是生长在这些黑色熔岩上的偃松了，匍匐在岩石之上，高不过半米，却有着与周遭密林中高大挺拔的落叶松同样久的树龄。大自然就是如此的神秘，是不是生怕这赤裸的黑石在此难熬岁月的寂寞，偃松生来就像是伴其共渡流年的。它为了适应在熔岩上的生长，放弃了伟岸高直而自愿选择了匍匐爬行这样的生存状态，千万年不变，生死轮回之中，恪守着自己最原始的风貌。据说，这种树就只有在这种地貌上才能成活，这不能不说是一种生命的奇迹。

在石塘林嶙峋的熔岩之间，奔涌着一条涓涓的石溪，至开阔处积为一些不大不小的水潭，远看黑稠的如同熔化了的沥青，走近了仔细注目，实际上却是澄澈的如无一丝杂质的清泉，原来是铺在潭底黑色熔岩将此清泉水衬成了黑色。这一突兀在大兴安岭密林深处的石塘林，黑色的熔岩、葱翠的偃松、墨黛色的清泉水，点缀着阿尔山绚烂的秋色，令人叹为观止，迷幻着人们的视觉，密林深处别有洞天。

三潭峡
SANTANXIA

在距阿尔山市东北 70 余公里的哈拉哈河上游，有一条长约 3 公里的深山峡谷，其中依次分布着深不可测、波平如镜的卧牛潭、虎石潭和悦心潭三处潭水，所以此峡谷被称为了三潭峡。立于谷口，就能直接看到哈拉哈河就从峡谷的入口处奔突激流而出，浪花飞溅的河面，在阳光的照射下泛着粼粼的波光。因为河底布满了黑色的火山熔岩，整床的河水全部呈现着黑黝黝的色彩。走近了再看，河水澄明的如同清练，是为明水。其实，这样的一泓清碧从其激起的浪花上就能看出。河床里流动着的水如同一匹黑色的锦缎，闪着黝黝的光，朵朵浪花泛起，像一朵朵洁白无瑕的白莲绣在黑色的底布上，无不令人拍手称奇。

翰嘎利湖
HANGALIHU

　　是 20 世纪 70 年代以霍林河为水源修建起来的一座中型旁侧水库，一直被称为"翰嘎利水库"。清澈甘冽的霍林河，在此被拦截成为了一处呈南北狭长状的独立闭流区，湖底是霍林河冲积而来的科尔沁沙地优质流沙，并在湖区四周形成了优质松软的"金沙滩"，成就了内蒙古草原上难得的天然沙滩阳光浴场。周遭环绕着茂盛的湿地和起伏的草原，有树木繁盛郁郁葱葱的山冈，有奔流不息四方流转的潺潺溪流，沙地金滩，碧水清泓，草原湿地，绿丘青谷，茂树繁花。

图什业图王府
（亦称代钦塔垃王府）
TUSHIYETUWANGFU

科尔沁右翼中旗在清代称为"图什业图亲王旗"，掌管科尔沁十旗，其王府就在代钦塔垃。

图什业图王府当年是仿造北京紫禁城的布局建造的，耗资巨大，富丽堂皇，是一个缩小了的故宫。只是可惜，在"文化大革命"期间遭到了毁灭性的破坏，现仅存一处残垣颓壁。

一座王府敢与当时清廷的皇宫争高低，可见其主人的势力之强大。今天的科尔沁右翼中旗在古代曾为重要的交通枢纽和军事要塞，又由于属于嫩江科尔沁的图什业图在清代的历史地位，当年的康熙皇帝特敕以图什业图王爷为首领，在此举行了清史上著名的"十旗会盟"，因当时会盟于图什业图旗北部的哲里木山脚下，所以就称为了哲里木盟。版图北从宝格达，南至沈阳北柳条边墙，西由特格罕山，东到哈尔滨、长春等地总面积近 40 万平方公里。翻开今天的地图看，在如今兴安盟和通辽境内的一片区域中，有很多以"科尔沁右（左）翼"冠名的前、中、后旗的旗县名字，这些大多是当年图什业图王爷管辖的区域。图什业图王府与五角枫景区同在代钦塔垃草原上，距五角枫景区不远。只是当年富丽堂皇、威风凛凛的图什业图王府早已荡然无存了，只剩下一座光秃秃的童子山被隐在参天古树的绿荫中，山脚下就是当年的护城河，河水早已干涸，在积满细沙的河床两边坡地上，秋日里已经发枯了的草木在风中瑟瑟着。

草原五角枫
CAOYUAN WUJIAOFENG

在兴安盟，只有在代钦塔拉草原沙地上的一小片区域内才集中生长着漫山遍野的五角枫，有人曾多次将其移栽到其他地方，但均未能成活。这种树种的神奇还在于它处的枫叶多为三裂，而代钦塔拉草原上的五角枫叶竟为五裂，故被人称为"五角枫"。

清代的科尔沁右翼中旗人杰地灵，曾有清廷的公主下嫁于此。面对茫茫草原、朔风烈马，从小就生长在紫禁城里的公主难免怀念故土，有好心的奴仆有意在此撒下京城枫树的种子，因为公主非常喜欢京城的红叶。但由于天气、土质的差异，导致物种变异，树叶生出五角形状。从此，一片绝美的五角枫林便落户在了这代钦塔拉草原上。

巴彦呼硕敖包

BAYANHUSHUO AOBAO

巴彦呼硕敖包所在的山丘是鄂温克草原上第一高岗，这里是大兴安岭与呼伦贝尔草原相接的缓冲地带，所以，鄂温克草原是一个丘陵草原。举目仰望巴彦呼硕敖包，由于视角的陡直，它似乎就压在头顶。敖包两旁各分布着六个小敖包，一字型地排列在丘顶与苍穹相接的优美弧线上，敖包上挂着的各色哈达与经幡被丘顶的长风吹拂着，拂动着游弋在敖包边的云，辽阔的草原上，总会有虔诚的牧民在转着敖包，远远望去，如拇指大小的人影就在那游云里浮动，天光云影，宛如仙境。

兴安盟旅行推荐——

阿尔山杜鹃湖：位于内蒙古阿尔山市温泉街东北92公里的阿尔山林业局兴安林场境内，因湖畔开满杜鹃花而得名。

兴安盟葛根庙：在乌兰浩特市东南洮儿河左岸，陶赖图山南坡脚下，建于1798年，是东北地区最大喇嘛庙。

兴安成吉思汗庙：位于乌兰浩特市北罕山。是全国唯一的融汉、蒙、藏民族建筑风格于一体的庙宇。

图牧吉自然保护区：位于内蒙古自治区东部与黑龙江、吉林两省交界的扎赉特旗境内，以"大鸨的故乡"而闻名的国家级自然保护区。

大、小神山：位于扎赉特旗音德尔西北，山地岩石以花岗岩为主。山下为草原，山上为灌丛林。此山向东北延伸逐渐降低，并分为前后两列，前列为大神山，后列为小神山。

台来花草原：位于扎旗胡尔勒苏木，地处大兴安岭南段东麓向松嫩平原过渡的坡麓地带；属森林草原过渡带。这里水草丰美，动植物资源丰富，牧草质量高，营养丰富，是世界上少有的"三无"草原。

察尔森国家森林公园：位于兴安盟科右前旗境内，是集森林和草原风光于一体，树木繁茂，绿草如茵，风景俱佳的旅游胜地。

兴安乌兰毛都草原：位于科右前旗北部；与阿尔山市接壤，是世界上少有的无污染、无鼠害、无沙化的草原。

06

西辽河上的安代之乡

——通辽

通辽市所辖区域——

　　辖1个市辖区、1个县、5个旗，代管1个县级市，市政府驻科尔沁区

◎科尔沁区（西门街道）

◎霍林郭勒市（莫斯台街道）

◎科尔沁左翼中旗（保康镇）

◎科尔沁左翼后旗（甘旗卡镇）

◎开鲁县（开鲁镇）

◎库伦旗（库伦镇）

◎奈曼旗（大沁他拉镇）

◎扎鲁特旗（鲁北镇）

通辽
TONGLIAO

位于内蒙古自治区东部，松辽平原西端，科尔沁草原腹地，东临吉林省，南接辽宁省，属东北地区和华北地区交汇处。

通辽市有着悠久的历史和灿烂的文化。这里是中华民族红山文化和富河文化的发祥地之一，至今，仍保留着燕国长城、金代界壕、辽代古墓壁画、元代佛塔和清代王府等历史文化古迹。这里是清代国母孝庄文皇后和清代名将僧格林沁、民族英雄嘎达梅林的故里，被誉为"中国安代艺术之乡"、"中国版画艺术之乡"、"中国民歌曲艺之乡"、"中国马王之乡"和"中国红干椒之乡"。

库伦旗，安代舞的故乡

"库伦"为蒙古语，是家园或占领地的意思。起这样的名字，是因为约在1630年前后，有一个叫阿辛西利布的喇嘛从西藏来内蒙古传经布法。当他走到库伦这一带时，看到这里山青水绿，林木葳蕤，觉得是块风水宝地，应该在此定居立业，把这块宝地发展起来。于是他住了下来，还以自己的名字给这里命名，叫曼珠希礼库伦，以示自己是这块土地的占领者。

1646年（顺治三年），清王朝派盛京实胜寺喇嘛西布礼兖如克任锡埒图库伦掌印扎萨克达喇嘛，并赐札萨克印，住库伦，统领政教。从此在清王朝内蒙古地区出现了一个政教合一制的、特殊的札萨克喇嘛旗，与漠南蒙古49旗平列，地位同等，历时近300年。1933年改为库伦旗。

库伦旗位于通辽市西南部，南接辽宁，东与科尔沁左翼后旗接壤，北和西与奈曼旗毗邻。库伦旗中南部丘陵沟壑密布，人称"九千九百九十九道沟"。北部沙沼坨甸交错，被称为"八百里瀚海"的塔敏查干沙带横贯境内东西。特殊的地理位置，具有特色的土特产，鲜明的民族文化，别致的人文景观，让库伦旗名扬天下誉满中外，让库伦格外人自豪。

让库伦人民引为自豪的，是蒙古族民间歌舞"安代"就从这里起源，又从这里走出库伦的沟沟壑壑走上舞台走向艺术巅峰，1996年库伦旗被文化部命名为全国"安代艺术之乡"。

库伦旗自顺治年间起到乾隆年间的近百年里，修建了兴源寺、福缘寺、象教寺等许多庙宇。到自治区成立时，有寺庙20多处，40多座，喇嘛2千多人，至今还有6座寺庙属自治区或通辽市重

西辽河上的安代之乡——库伦

点文物。每逢法事活动，寺庙香火缭绕，善男信女盈门，所以库伦旗曾有"小五台山"之称号，也令库伦人分外自豪。

兴源寺、福缘寺、象教寺是库伦旗的三大寺庙，而象教寺已毁多年，人们只能在一些资料中得知，它坐落于兴源寺之东，建于清康熙九年（1670）。

福缘寺建于清乾隆七年（1742），寺庙由南而北一连四重殿宇，由山门寺、诵经殿、佛殿和老爷庙等建筑群组成。庙宇建成后乾隆皇帝赐名"福缘寺"，但老库伦人习惯称它为"下仓"。福缘寺是汉藏混合式寺庙建筑，在土改运动和"文化大革命"中遭到严重破坏。1986年，库伦旗人民政府对福缘寺进行整修，整修后的福缘寺旧貌换新颜，重

放昔日光彩。

兴源寺是库伦修建的最早影响最大的一座庙宇，远近闻名。兴源寺位于库伦镇东部，北依巍巍群山为屏，南临库伦河可听潺潺流水，翠柏苍松环绕四周。兴源寺始建于清顺治六年（1649），于第二年竣工，赐"兴源寺"蒙、汉、藏三体匾额。康熙四十九年（1710），在其左右又各建厢殿一座。康熙五十八年（1719），进行第二次扩建，在原正殿的前后，沿着中轴线修建面阔九间，进深九间，通称"九九八十一间"的正殿、天王殿和山门殿。两侧又对称地修建配殿和钟鼓楼，这次扩建用时六年。光绪二十五年（1899），又对正殿进行重修。重修的正殿成汉藏结合式建筑，上下两

层，正中为天井，四周为回字形神堂。同时将兴源寺和象教寺连成一片，环绕兴源寺和象教寺四周筑起高大的围墙，工程历时三年，到光绪二十七年（1901）竣工。新中国成立后，兴源寺一度成为库伦旗党政机关办公的地方。

在土改运动和"文化大革命"中，兴源寺未能幸免，也遭到严重的损坏，只存正殿尚且完好。1986年，库伦旗人民政府对兴源寺进行维修，古寺青春焕发面目一新，使兴源寺当年典雅而神秘的风采，重现于世人面前。

兴源寺的法事活动主要有，一年4次的法会，全旗寺庙的大小喇嘛均要参加。正月和六月的十四、十五两天的跳鬼会。每隔三年即逢牛、蛇、鸡年举行一次的"喇嘛"法会，法会规模盛大，程式规范，须提前两个月开始准备。法会从七月初五至初七，用3天时间整修座位，从初八正式开始至十四日，共7个昼夜。期间，凡参加诵经的喇嘛必须持斋，不得走出寺院外围石子摆成的界线。每逢法会，八方香客云集兴源寺，熙熙攘攘，人头攒动。街头摊位连成一片，商品琳琅满目，繁华异常，已成为库伦的一大亮点。

走进科尔沁地区，许多旗县都出产荞麦，唯独库伦的荞麦以其种植广、产量高、质量优享誉国内外。有一年，我国与日本的贸易谈判中，日方指名进口库伦荞麦，足见库伦荞麦的声誉了。库伦旗也由此被誉为"荞麦之乡"，库伦人又多了件自豪的事儿。

到了库伦旗，一定要尝尝荞麦食品，就像到了土默川，一定要吃顿莜面一样。好客的库伦人会做出各种各样可口的荞麦食品款待来宾，传统地道的荞面食品有饸饹面、拨面、饺子、葱花卷、猫耳朵汤等，色白味道美。

让库伦人自豪的地方还有很多，如灵安州辽代遗址、迈德尔格根庙、吉祥天女神庙、大漠荷花湖……

西辽河上的安代之乡——库伦

06

科尔沁草原
KEERQIN CAOYUAN

科尔沁，蒙古语意为著名射手。在元代，是成吉思汗二弟哈布图哈撒儿管辖的游牧区之一，位于内蒙古东部，在松辽平原西北端，包括整个兴安盟和通辽市的一部分地方。科尔沁草原北与锡林郭勒草原相接，东邻呼伦贝尔草原，地域辽阔，资源丰富。科尔沁草原历史悠久，文化源远流长。目前尚存的名胜古迹有辽代古城、金代界壕、科尔沁十旗会盟地旧址和庙宇、佛塔多座。

科尔沁右翼中旗
KEERQN YOUYI ZHONGQI

从阿尔山沿省道 201 东行走索伦大峡谷约 300 公里到乌兰浩特，这一路有兴安敖包、南兴安碣等景观，到乌兰浩特再沿 111 国道南行过突泉县就可达到科尔沁右翼中旗，在这里可以欣赏到红遍代钦塔垃草原上的五角枫和著名的图什业图王府遗迹，还有翰嘎利湖和图什业图赛马场以及五角枫广场的夜色。

科尔沁左翼后旗，走出名将僧格林沁

登上草原列车，常常会听到这样一句顺口溜：伊胡塔，巴胡塔，衙门菅子甘旗卡。这甘旗卡便是科左后旗旗所在地。

科尔沁左翼后旗，全称科尔沁左翼后旗，位于通辽市东南部，东接吉林省，南临辽宁省，西连开鲁县、库伦旗，北与科尔沁左翼中旗接壤。

"科尔沁"，蒙古语正音为呼尔沁，锐利的意思。相传成吉思汗有一支忠心耿耿的精锐侍卫队，由他的胞弟哈布图哈撒儿带领和指挥，由于作战勇猛，屡建战功，很受大汗的赏识，被誉为"呼尔沁侍卫队"。哈布图哈撒儿后裔的一部就以"呼尔沁"——即科尔沁作了自己的部落名。

科尔沁左翼后旗于清顺治七年（1650）设旗，称科尔沁左翼郡王旗，为科尔沁六旗之一，札萨克驻双合尔山。雍正年间，迁址于吉尔格朗图塔拉。咸丰年间，御前大臣僧格林沁因有功于清王朝，清廷赐封僧格林沁为博多勒嘎台亲王，因而科尔沁左翼后旗也称博多勒嘎台亲王旗，亦称博王旗。20世纪50年代后期，旗府所在地又从吉尔格朗图塔拉迁到甘旗卡。

科尔沁左翼后旗地处松辽平原西端，属堆积平原地形，境内多垄状沙丘、平坦沙地、丘间洼地和带状河谷，湖泊泡子遍布全旗。独特的地理构造，孕育出独特的自然景观，其中以大青沟最为奇异和深奥无穷。

历史不曾忘记，在这片广袤的草原上，曾经走出过一位赫赫有名的蒙古王爷僧格林沁。在我国近代屈辱的历史进程中，能让国人扬眉吐气一时的骁勇战将没有的几人，僧格林沁便是其中的一位。

僧格林沁幼年时的家境十分贫寒，曾随父亲为富人放牧，12岁时到昌图老城文昌宫读书，道光五年（1825），科尔沁左翼后旗郡王膝下无子，便选定僧格林沁为嗣子，承袭科尔沁左翼后旗札萨克郡王。由于道光皇帝的赏识，僧格林沁一路加官晋爵，到道光皇帝驾崩时，僧格林沁已经成为顾命大臣之一。咸丰八年（1858）直隶总督谭廷祥防守天津大沽口战败，清廷主和派与英国代表签署《天津条约》，僧格林沁得知后，忧心如焚，直言上书皇帝，痛陈利害，坚决要求撤回谈判代表，主张调集全国人力物力，举倾国之兵，将洋夷赶出华夏大地。但在当时软弱的大清国朝廷之内，失败情绪弥漫，主和的投降派拥有极大的势力，最终僧格林沁的意见未被采纳。

咸丰九年（1859），由于僧格林沁等爱国朝臣的一再谏言，皇帝终于命僧格林沁到天津督办京东和大沽口防务。僧格林沁深知担负在肩上的重大责任，到任后便积极筹建大沽口和双港的防御工事，增添炮位，整肃军队，严阵以待。

当年6月，英法新任驻华公使普鲁士、布尔布隆率领所谓换约舰队从上海沿水路北上。这只由一艘巡洋舰和13只

者的战斗命令，并且亲自督军力战。此役，英法联军损失惨重，英军悬挂白旗要求停战，并在美舰的援助下撤出战斗。这

次大沽口保卫战，是自1840年西方列强入侵以来，中国军队抵抗外国入侵所取得的第一次重大胜利。

1860年7月之后，遭受重创的英法联军再次卷土重来，疯狂的进攻大沽口。这一次，僧格林沁率领蒙古将士进行了顽强的抵抗，终因武器落后不敌侵略军洋枪洋炮的猛烈攻击，僧格林沁被迫一撤再撤。英法联军侵入北京后，清廷以北京失守为由，贬僧格林沁为庶民。

炮艇组成的舰队，完全不顾清军将士再三劝阻警告，大摇大摆地闯入大沽口。僧格林沁义愤填膺，毅然下达反击入侵

后来僧格林沁又被清廷恢复郡王爵，委以重任赶赴山东与捻军作战。后被捻军围杀。

大青沟
DAQINGGOU

主景区由大青沟和小青沟两条沟组成，沟内流水潺潺，植被异常丰富，还经常有小动物出没其中。两沟在景区南部的交汇处被称为三岔口，由三岔口向南的河道现已辟为皮艇漂流河段，大青沟的奇特之处在于它旅游景观的多样性，景区内的地貌景观包括森林、草原、沙漠、湖泊以及河流。这里地貌怪异，沟深林密，景观奇特，为沙海一绝。沟外是连绵百里的半固定沙丘，气温干燥，植被稀少，沟内则绿树繁茂，冬暖夏凉。

开鲁白塔

KALU BATA

位于开鲁镇东南,塔由大青砖砌筑,通高 16.5 米。全塔由多级组成,最底层为方形塔座,其上是复锛式基坛,基坛大部分为冠状圆柱体,上有佛龛,上部为方形。基坛上承托着八角形塔身,塔身 13 层,每层塔檐自下而上依次收缩,塔身呈锥形。塔顶由圆盘和宝珠合成。其势巍巍,劲秀挺拔,酷似利剑指天。

西辽河上的安代之乡——通辽

开鲁，创造神奇的大地

开鲁，位于通辽市西部，南与奈曼旗相连，北临扎鲁特旗，东靠通辽市区和科尔沁左翼中旗，东南与科尔沁左翼后旗、库伦旗接壤，西与赤峰市的阿鲁科尔沁旗、翁牛特旗交界。

开鲁，是契丹发祥地之一。金时分属北京、上京、咸平路，元时属开元路，明属福余外卫。清时属热河都统管内昭乌达盟阿鲁科尔沁旗、东扎鲁特旗、西扎鲁特旗三旗王公领地。到了清德宗光绪三十一年（1905），始设县治，定名为开鲁，属直隶赤峰州。取名开鲁何意，便众说不一了。有开发"三鲁"即开发阿鲁科尔沁旗、东扎鲁特旗、西扎鲁特旗共管之地之说；又有将"三鲁"分开之说，即开鲁设县后，便将原"三鲁"接壤之地分开了。

开鲁地区的开发可追溯到秦汉时期，直到清王朝时也没见有真正的开发，不过是历朝历代的统治者强化专权控制边塞而已。难怪当年乾隆皇帝，在巡守开鲁地区时曾赋诗一首，"塞牧虽称远，姻盟向最亲。嗣徽彤管著，绵泽砺山申。设侯严喧杳，清尘奉狩巡。敬诚堪爱心，未忍视如宾"，来为自己的和亲固边方略唱颂歌。

而分而治之未必不是统治者的由衷，然而就在将"三鲁"分开后的第六年，

清王朝便在辛亥革命的隆隆炮声中倒台了。开发也好，分开也罢，其实都是从统治者的地位和利益起始的。

此外，关于开鲁一名还有一种说法，开鲁蒙古语又称塔林苏布日嘎，意为平原之塔，或有塔的甸子，是取开鲁境内的辽代佛塔为名。此种见解，不能说没有探讨的道理。

开鲁地处科尔沁草原西部，西辽河、新开河流经境内，是一片水草丰美土地肥沃的宝地。在这里休养生息的各族劳动人民，千百年来创造了悠久的历史文化，留下了颇多人文景观和神奇传说，为世人感怀和赞叹。

走进开鲁，就一定要走到古榆树下，

不然就不知道开鲁还有如此神奇之物件。

古榆，在开鲁县城西40里处，树龄已近千年，树高有25米之多，比八层楼房还要高一块。树围7米有余，四人展臂方可围抱。古榆四条主枝干，分别指向东南、西北、西南、东北，长枝短杈，形态各异，枝繁叶茂，褶褶生辉，似一团绿色流云浮动半空之中。

据说，有一年春，康熙皇帝巡视科尔沁，从敖汉、奈曼沿辽河而上。当临近开鲁时，遥见古榆冠如华盖，榆钱叠翠，碧叶晶莹。康熙万分欣喜，便来到树下小憩，随令侍从寻水。侍从见古榆不远处，有一把长枪插在那里，便用力拔出。随之一股清泉喷涌而出，犹如一条白练升空。康熙喝了泉水，顿觉甘甜清冽，心旷神怡。皇帝情不自禁，当即下诏封为"圣水"。百姓得知奔走相告，纷纷取水饮用。"圣水"避瘟疫、除百病，造福一方，被百姓奉为神水。

康熙惊叹古榆的神奇，又顿觉山野荒凉，缺少景致，随口道，"天若增之一寺，岂不相映成趣"！此后，百姓便在古榆北侧动手修建寺宇。开工之日，在古榆旁挖出洞穴，内有方正石块无数。百姓们便搬用石块，待寺基础完，石块全无，一块不多一块不少。百姓惊异，想到康熙说过"天若增之一寺"的话，便为寺取名"天增寺"。

天增寺有九间大殿，内供奉观音菩萨、关公和九神像。天增寺，平日香火绕缭，善男信女络绎不绝，一时间成为开鲁的一大景观。十分可惜的是，天增寺毁于新中国成立之初的一场大火。而至今，

圣水井尚存遗迹，可供游人凭吊。

到开鲁，佛塔是不能不看的，这是自治区现存的罕见元代佛塔，开鲁的第一名胜古迹。仰望佛塔，蒙古民族精湛的建筑技能和造型艺术令人折服，而佛塔的种种神奇传说更让人感到历史的悠远和凝重。

开鲁佛塔，巍然耸立在烈士陵园内，因通体洁白，又称白塔，佛塔始建于1287年至1297年。佛塔为大青砖砌筑，高16米余。佛塔由多级组成，最底层为方形塔座，其上是覆钵式基坛，基坛下部为冠状圆柱体，上有佛龛。基坛之上承托着八角形塔身，塔身十三层，每层塔檐自下而上渐次收缩，塔身成锥形，塔顶由圆盘和宝珠合成。

从远处望来，千里沃野，佛塔拔地而起，酷似一柄利剑直指苍穹，气势壮观，令人心撼。有诗赞道：

巍巍势想与天齐，
绝顶登临四望低。
已历辽金观胜败，
犹存扎鲁贯东西。

佛塔建筑考究，造型精致，塔身修长，相轮厚重，形为八角，不设华盖，表现出蒙古族地区特有的覆钵塔的地区特点和风格，是蒙古民族历史发展逐渐强盛的象征，也是民族文化源远流长的真实见证。

通辽奈曼王府
TONGLIAO NAMAN WANGFU

位于奈曼旗大沁他拉镇。建于清同治二年。原分东、西两院，东院为卫队驻地，现已不存；西院为王爷府第，门前有大石狮一对，现存建筑为回廊式四合院布局，具有清末悬山滚龙脊、雕梁画栋、红柱回廊等特点，鲜明反映出封建王公的等级森严。后金天聪元年（1627年）奈曼蒙古部归附，崇德元年编此部为奈曼旗，封衮楚克为"扎萨克多罗郡王"，世代承袭。共传14代郡王，先后建过4个王府。此为11代郡王德木楚克扎布所建，但在十二代郡王玛什巴图尔时始迁入居住。是内蒙古境内唯一保存较好的王府，现已修复为王府博物馆。

奈曼多传说

当草原列车驶入科尔沁沙地，一棵棵形状奇特的柳树闯入你的眼帘时，那你就踏上了奈曼旗的大地。

奈曼旗，位于内蒙古自治区通辽市西南部，南与辽宁省接壤，北与开鲁县隔河相望，东与库伦旗毗邻，西与赤峰市交界。奈曼旗历史源远流长。在这里发现的三百多处历史遗迹和四千余件出土文物表明，自春秋战国以来，东胡、山戎、乌桓、鲜卑、契丹、女真、蒙古等各族人民就生息繁衍在奈曼这块土地上。

据载：奈曼一名，是与北方古代民族乃蛮有关。乃蛮，古族名，辽金时，

的战争中，原为金朝版图之内的奈曼地区于成吉思汗八年（1213）被成吉思汗长弟左路军统领哈撒儿占领，随后蒙古人入居奈曼游牧。从此，奈曼便成为大汗国的领地。据说，游牧于这里的蒙古人系归附成吉思汗的乃蛮部落的一部分，故此地取名曰"乃蛮"，而成为后来的"奈曼"地名的由来。

奈曼是个有许多传说的地方，那山、那河、那湖、那人……都有动人的故事——

青龙山，在自治区的革命史上还有一段光辉的记载。1933年6月，奈曼"抗日救国军"就在这里揭竿而起，并一度收复被日军占领的绥东县公署所在

游牧于阿尔泰山与杭爱山之间，其首领太阳汗与成吉思汗争雄，后被击败。南宋宁宗嘉泰四年（1204），乃蛮部分部众并入蒙古。在成吉思汗南征攻掠金朝

地——八仙筒，捣毁了日本的统治机关，捕杀了日本的地方官吏。这一举事，打响了绥东地区抗击日寇侵略的第一枪。

这青龙山也有一段感人的传说。

很久很久以前，奈曼旗南部的青龙山一带，还是块没有人烟的荒漠之地，到处是连绵起伏的丘陵，漫山遍野郁郁葱葱的林木花草自由自在生生落落。到了后来，一些其他地方的穷苦农民，不堪忍受当地地主阶级和封建官府的奴役和压迫，便携儿带女逃到青龙山。穷苦农民发现这里没有地主，也没有官府；而且土地肥沃，便在这里住了下来。人们开荒种地，刀耕火种，播下五谷，种下了生活的希望。大自然没有辜负这些穷苦人的辛勤劳作，年年风调雨顺，五谷丰登，穷苦农民在这里过上了富裕的日子。

一日，天上的玉皇下界巡游来到此地，看到这里山清水秀，鸟语花香，人民安居乐业，享受生活，竟然不比自己差，他的气就不打一处而来。于是玉皇一甩袖子回到天庭，急召各路神仙询问。才得知这一带是一龙治水，才有这年年丰收，岁岁富足的好日子。玉皇心里怨怨不平，便生出个坏主意，世间不是说鸡多不下蛋，龙多不治水吗？便令东海龙王调九条龙前去治水。

这九条龙奉命走马上任，却谁都不愿出力布雨，大懒支小懒，小懒白瞪眼，硬是看着甘露在金樽里盛着而不愿做举手之劳。这可就苦坏了这一带的穷苦百姓。天不下雨，赤地千里，穷苦百姓眼望着一片片枯黄的禾苗，心如汤煮一般。便有人垒庙求仙，拈香拜佛，祈求老天降雨。

在这些受命治水的九龙里，有一条年幼的小青龙。它看到肆虐的干旱给人间带来的疾苦，不由得心生怜悯。一天，它趁其他八条龙睡懒觉的时候，从金樽中捧出一掬甘露洒下人间，地下喜雨普降。有了雨水，便有了收获，穷苦的百姓得救了。

谁知玉帝闻之震怒，他令天门卫士杖罚不明圣意的小青龙，还在一怒之下废了小青龙千年修来的道行。小青龙便在一个神不知鬼不觉的夜半时分，捧起盛满甘露的金樽，飞到人间，一头扎入丘陵，把自己的身骨化为隆起的条条山脉，他捧来的那樽甘露也化作汩汩清泉长流不息。

穷苦的百姓又有了丰衣足食的好日

子。

善良的百姓们是知恩图报的。为了感激和纪念小青龙，让子孙万代永远铭记小青龙的恩德，人们便把这座山脉称作青龙山。打这起，奈曼这方土地上便有了一座远近闻名的青龙山。

奈曼旗有一条贯通全旗的河流，这就是叫来河，它是通辽市三大水系之一。叫来河发源于赤峰市敖汉旗的金厂沟梁，从西地村流入奈曼旗，最后经六号国营农场流入开鲁县境。叫来河，明代称为遥剌河，流到清代变成了那拉特河。叫来河属季节性河流，冬春水量少，夏秋两季多雨水，特别到了七八月间，常伴有洪水发生。叫来河又是多泥沙的河流，便常常导致河流改道。在近100多年来，有记载的因洪水泛滥造成的河床改道就有4次。

关于叫来河的由来，也传说甚多，其中与奈曼旗出了名的"疯王"有关的说法流传较为广泛。"疯王"是奈曼旗第十二任札萨克，其名萨哈拉，于同治五年（1866）经清廷核准承袭奈曼旗札萨克郡王。

一日，萨哈拉率协理、章京等旗政要员视察领地，发现自己管辖的境内竟无名川大河，实在是太缺少风水。于是就想把下洼一带的大小河流连接起来汇成一条河，让河水流入奈曼旗。当时有人就认为这工程浩大，劳民伤财，萨哈拉简直是"疯"了。萨哈拉一意孤行，强迫百姓挖渠修堤，硬是把下洼一带的几条大小河流沟通，将河水引入奈曼旗境内。所以有人把这条人工修建的河称

为叫来河。

关于叫来河还有另一种传说。萨哈拉平日喜欢射猎，经常携众奔跑在猎场上。若狩猎有获，便得意非常，炙烤猎物，饮酒作乐。如无收获，不愿空手而归，就要杀人以充猎物。猎场周围的百姓屡遭不幸，苦不堪言，只有向长生天祈祷，求长生天保佑平安。大慈大悲的长生天怜悯百姓，便从天界叫来一条河水，阻拦了"疯王"的马蹄。因为这条河是长生天叫来的，百姓们便把这条河唤做叫来河。

还有一种说法，那是由近代说起的。新中国成立前，叫来河洪水灾害经常发生，两岸百姓受灾不断。新中国成立后，党和政府投放巨额资金，对叫来河进行彻底根治，使叫来河变害为利，造福于两岸的人民。人们便把叫来河的"叫"字改为"教"字了。意思是说常闹水患的叫来河被党和政府"教"育好了。

在奈曼旗所在地大沁他拉西北方，有个长约六公里、宽约四公里的天然形成的水泡子。据史料记载，这个水泡子距今已有五百余年的历史，它形成于元代，明代称之为察罕淖尔，清代开始称之为塔日干淖尔。清道光二十八年（1848），奈曼旗第十任郡王阿旺杜瓦底扎布的陵墓就葬于此处。到了清光绪三年（1887）四月间，在此地修建了一座奈曼王爷的陵寝庙——孟根庙，取其法名为功成寺，这水泡子便由此得名功成庙泡子。不知从啥时候起，人们就习惯地写成工程庙泡子，却也无人校正，就这样一直叫到今天。

驰名中外的奈曼红尾鲤鱼就产在工程庙泡子。

关于工程庙泡子，流传着一个感人的故事。

相传在很多年以前，大沁他拉地区滴雨未落，连年大旱，河水断流，工程庙泡子也几近干涸，只有水泡子深处的泉眼处尚存一些泥水。

一日，来了一位身着青衣的老妇和一位红衣少女，老妇臂弯上挎着一只竹篮，竹篮子里装着一棵白菜，这白菜水灵鲜嫩，菜帮乳白，菜叶碧绿。老妇从东南方向朝着水泡子深处走去，来到泉眼的泥水处，便把篮子里的白菜取出来栽入水中。说也怪，那白菜立即直立湖中。顷刻间，乌云从四面八方涌来，随之倾盆大雨从天而降。雨水似潮涌入湖心。青衣老妇和红衣少女随着浪花潜入湖底。

人们后来说，植入湖中的那棵白菜，是一棵卷心金白菜。金白菜的根扎进湖水中，菜叶越长越大。而且在每片叶子里都卧着一尾红尾鲤鱼，围着金白菜自由自在地游动。盛夏时节，卷心金白菜的茎叶就会变成翠绿色，使整个湖水变得碧波连连，清澈见底，满湖红尾鲤鱼你追我逐，戏水游乐。若是春秋季节，晴空朗日，卷心金白菜的茎叶会发出金灿灿的光泽，把湖水映照得金波荡漾，熠熠烁烁。

人们还说，那红尾鲤鱼便是红衣少女的后代子孙。再后来，那棵卷心金白菜没有了，但红衣少女留下的红尾鲤鱼却成为人们餐桌上的一道肉鲜味美的名菜而驰名遐迩。

1959年，诗人、时任中共内蒙古党委书记兼宣传部长的胡昭衡到奈曼检查工作。当诗人来到工程庙泡子，他放眼望去，只见工程庙泡子碧波万顷，绿波中红尾鲤鱼逐波戏浪，湖面上百鸟啼鸣，岸边绿柳婀娜多姿，大有南国水乡之神韵。诗人拍手叫绝，感叹不已。便建议将工程庙泡子改名为"西湖"，意在可与杭州西湖风光媲美。遂有"奈曼西湖"之称传开。

踏上科尔沁草原，许多人都会唱一首名叫《努恩吉雅》的民歌，那歌声唱道：

"老哈河的岸上，脱了缰绳的老马奔前方。性情贤淑的努恩吉雅，出嫁到遥远的地方……"

这首民歌，深沉而舒缓，唱出了远嫁的姑娘努恩吉雅对故乡的怀念，对父母亲人的无限思恋。

西辽河上的安代之乡——通辽

努恩吉雅自幼生长在肥沃的科尔沁大草原上，她生活在父母的怀抱里，天真活泼，无忧无虑。在开满鲜花的草地上摘花扑蝶，在缓缓流淌的老哈河里戏水捉鱼……转眼间，努恩吉雅长大了，

呼唤故乡……

《努恩吉雅》这首歌，优美流畅，饱含深情，最初始传于奈曼旗老哈河一带，后在内蒙古草原广为流传，一时间努恩吉雅成了草原的女儿。

奈曼是个神奇的地方。干旱的沙坨上能长出怪柳，高不过丈余，粗不过两拃，树干龟裂，七扭八歪，满是摇曳的枝条，可谓是天下奇景。平顶山上的石头，如大米饭团，让小小的石场村人均寿命超过83岁，谁说不神？

如今，奈曼旗各族人民在党的领导

草原的花朵给她娇嫩如玉的容貌，清澈的河水给她亭亭玉立的身材。努恩吉雅长大了，到了该出嫁的时候，父母便把她嫁到了很远很远的地方。

那时候，草原上交通不便，牧人们又多随水草游牧，居无定所，远嫁的姑娘便很难回到家乡与父母欢聚，但对家乡和父母的思念却魂牵梦绕。于是，远在他乡的努恩吉雅难以遏制强烈到的思乡之情，来到流向家乡的河水边，遥望远方，呼唤亲人，

下，在奈曼的大地上创造着新的奇迹，演绎着美好的传说。

扎鲁特旗

扎鲁特旗位于通辽市西北部，东和东北与兴安盟科尔沁右翼中旗接壤，南和东南与开鲁、科尔沁左翼中旗交界，西和西南与赤峰市阿鲁科尔沁旗毗邻，北和西北与霍林郭勒市、锡林郭勒盟东乌珠穆沁旗和西乌珠穆沁旗相连。

扎鲁特旗历史悠久，早在新石器时代，就有人类在这片土地上繁衍生息，春秋时为狄族东胡人所住，辽金时系女真人夏营地，明时，蒙古扎鲁特部开始驻牧在这片绿色的草原上，清初设扎鲁特左、右二旗，新中国成立后合并为扎鲁特旗，旗政府鲁北镇。

扎鲁特旗地处大兴安岭南麓，扎鲁特草原是世界四大原始草原之一，草场辽阔，水草丰美，境内山峦奇伟，罕山神泉、金门山、嘎亥图金门山、乌兰哈达阿贵洞等景致，星罗棋布在碧绿的原野上。

罕山为大兴安岭支脉，其主峰吞特

尔山海拔 1440 余米，为通辽市境内最高峰。罕山山景绮丽，水源丰富，山涧溪流纵横，飞瀑鸣泉随处可见，山表和山腹的褶沟里长满了各类植物，青叶如织，好似数条青龙在山间屈曲蜿蜒。夏秋之际，丛山披彩，繁花似锦，令人目不暇接。自 2000 年被列为自治区级自然保护区后，更成了野生动物的天堂，踏上山巅，遥望湛蓝纯净的蓝天上，雄鹰展翅，金雕盘旋。置身山中密林间，鹿鸣之声清晰可闻，看脚下兽类足迹循循可辨，不经意间眼前或许会突然地窜出一只黄羊，睁着清澈的大眼睛与你静静地对视片刻，然后掉头而去，人与自然和谐相处，宁静安详。

到过罕山的人一定会知道，罕山的神奇不在于山，而在于泉。相传在一百多年前，草原上有一个名叫敖力吉别的人，在打猎的时候，张弓射住了一支梅花鹿的腿，梅花鹿挣扎着跳入一片冒着气泡的泉水里，用舌头蘸着那泉水不停地舔着自己的伤口。当敖力吉别走近泉边准备收取自己的猎物时，却见那梅花鹿从水中"哗"的跳上岸来，从他的身边"嗖"的窜过。敖力吉别望着奔逃而去的梅花鹿暗自思忖，梅花鹿明明是中了很重的箭伤，怎能如此轻松地逃掉呢。他俯下身子，用双手捧起那泉水喝了一口，只感觉甘甜无比，顿时神清气爽，精神倍增，恍然大悟，原来这里是一片神泉啊。当地的牧民于是给"神泉"起了个好听的名字叫"嘎布拉阿尔山神泉"，汉语就是能祛邪去病的泉。不过，赋予"神泉"最具传奇色彩的是，当年一代天骄成吉思汗率兵北征时，一日大队人马行至此地，已人困马乏士气不振。忽见此泉，全部人马尽皆痛饮，不想饮后饥渴全消，人欢马叫斗志高涨。成吉思汗大喜，挥师北进，终于大获全胜。从此"神泉"闻名于天下。

金门山位于美丽的扎鲁特草原深处，在嘎亥图河畔的群峰之间，兀立高耸，壮观巍峨，晴天时看山体玲珑剔透，阴天时望山间云雾缠绕，峰岭间一望无际的林海云涛，宛如一幅水墨画卷浑然天成。古老神奇的金门山，亦流传着一段美丽动人的神话。说在山前的草原上有一对蒙古族青年恋人，小伙子生就得勇

敢强壮，能骑善射，姑娘长就得貌若天仙，能歌善舞。草原上的王爷对姑娘垂涎三尺，做梦都想把姑娘弄到手，便在小伙子出门放牧之时抢走了姑娘。岂料，这番情景却被在此处逗留的仙人何仙姑看到，遂告诉了心急如焚的小伙子，并授计给小伙子。小伙子按何仙姑的指点找到了金马驹和神弓，正欲跨马追去，却被眼前群山阻隔。情急之下，小伙子张弓发箭，一箭射穿两座大山，一座是现在的豁牙山，另一座就是金门山。小伙子跨上神奇的金马驹，救回了心爱的姑娘。如今山顶摩崖石刻有这样一段诗文：

常风浩荡攀山来，

凌绝一望天云开。

映日最红萨日朗，

敖包为尔筑情台。

金门山的传说，吸引着无数的境内外游客，每年的旅游旺季，成千上万的人从四面八方涌来，争相穿过山上的"金门祈福"，据说只要穿越"金门"三次，来年都会精神健旺，如意吉祥。无形中又为金门山增添了更多神秘的色彩。

扎鲁特旗历史悠远，人文古迹丰富多彩，新石器时期的"红山文化"和"富河文化"遗址，春秋战国时期的石皿石器，明清时期的庙宇亭台，古城址古墓群种种，数不胜数。

其中金界壕遗址尤为令世人关注，金界壕又称金长城。公元12世纪中叶，金王朝为了防御蒙古人南下与其争夺天下，动用数以百万计劳力，历经数年修筑了金界壕这种古代罕见的军事防御工程。

西辽河上的安代之乡——库伦

扎鲁特旗——民族曲艺之乡

扎鲁特旗的文化底蕴深厚，风格独特的乌力格尔说唱艺术和版画艺术，是蒙古族文化中最具代表性的和最具特色的地域文化，这里是全国闻名"民族版画之乡"和"民族曲艺之乡"。著名的民族曲艺大师琶杰、毛依罕就出生在这块土地上，又从这里走出自治区扬名全国。

琶杰，蒙古族，1902年出生，1962年病故。琶杰自幼好学，喜欢听书，记忆超人，常常听过一段就能当场背诵下来。9岁开始学习藏文、汉文，30岁时自学蒙文。他利用手抄本对一些故事进行加工演唱，同时创作了很多作品和改编了许多民间故事。1960年被专家誉为说书演唱大师，语言巧匠。琶杰创作和改编了大量的说唱作品，代表作品《琶杰格斯尔》以气势雄浑，故事曲折，形象鲜明，演唱风格独特而引人入胜，震撼人心，成为传世之作。他还创作了大量的歌颂祖国、歌颂社会主义和世界和平的诗歌、祝赞词、民歌和新故事，他的许多作品被译成英、法、俄文和斯拉夫蒙古文在国外出版。琶杰不仅在内蒙古乃至在全国曲艺艺术史上都占有重要位置，而且是享誉世界的曲艺艺术大师。

毛依罕，蒙古族，1906年出生在一个贫苦牧民家里，1979年病故。由于家境贫寒，毛依罕出生后即送到伯父家抚养。其伯母是位善良忠厚勤劳能干的牧区妇女，同时也是一位在当地享有盛名的民歌手和演唱艺人，毛依罕从小就开始跟着伯母学民歌，讲故事，拉四胡，

20岁开始自己创作演唱。毛依罕先后创作了50多首好来宝和诗歌，其中《铁牤牛》、《呼和浩特颂》、《慈母的爱》、《白毛女》、《刘胡兰》、《伟大的战士—邱少云》等许多优秀作品受到区内外观众的一致好评，有的还被译成多种文字在国内外发行，引起国内外学者的注意。他的作品已收入《毛依罕好来宝选集》。

为了更好地继承和传播琶杰、毛依罕两位大师的艺术成就，表彰他们对民族曲艺做出的重大贡献，在他们的家乡——扎鲁特旗鲁北镇的西山上，为他们树立了纪念碑。纪念碑正面用蒙汉英三种文字分别刻有"曲艺艺术大师琶杰纪念碑"、"曲艺艺术大师毛依罕纪念碑"

的鎏金大字，碑体背面用蒙汉两种文字分别刻上了两位大师生平，碑体上方是蒙古族民间四胡的现代艺术造型，两侧刻有蒙古族民间图案。同时，中国曲艺家协还命名琶杰、毛依罕两位大师的家乡——扎鲁特旗为"中国民族曲艺之乡"。

2002年，在琶杰诞辰百年之际，扎鲁特旗政府和自治区有关部门共同举办《琶杰杯——全国乌力格尔、好来宝大赛》，来自全国的近70名说书艺人参加演唱，上千人观看表演，场面热烈，盛况空前。大赛再现了民族曲艺之乡的魅力和风采，扩大了扎鲁特旗的知名度，也推动了说唱艺术的交流、发展和繁荣。

06

西辽河上的安代之乡——通辽

通辽地区旅行推荐——

双合尔山白塔：坐落在科尔沁左翼后旗阿古拉苏木的双合尔山上，建于清雍正十二年（1734），是自治区重点保护文物。形状似北京市北海公园白塔。

塔敏查干沙漠：自奈曼旗东部伸入到库伦旗，曲折蛇行入科尔沁左翼后旗境内，号称"八百里瀚海"。是库伦旗生态旅游中的优良旅游区，也是东北地区最大的沙漠带。

科尔沁珍禽自然保护区：位于科右中旗东部，保护区内榆树天然次生林、西伯利亚杏灌丛化草原和低湿地草甸植被镶嵌分布，构成了典型的科尔沁草原自然景观，动植物资源十分丰富。

沙漠怪柳：它的形成是常年河流冲刷，种子变异加之人工砍伐和牛羊啃咬，形成了这种怪样，这种现象也是世界上少有的。

巴彦花水上乐园：位于阿鲁科尔沁旗中部巴彦花境内，依山傍水、风景迷人。

巴拉奇如德庙：位于阿鲁科尔沁旗巴拉奇如德苏木达兰花嘎查境内。建于康熙二十八年（1689），此庙的精美古建筑群的布局、风格、雕刻、图饰和工艺等都有很高的艺术价值。

莫力庙沙湖旅游区：以亚洲最大的具有海滨特点的沙漠水库和世界最长的人工沙坝著称。

大乐林寺：全称为"吉祥密乘大乐林寺"，位于通辽市西拉木伦公园北侧。

07

塞外明珠

——赤峰

赤峰市所辖区域——
　　辖 3 个市辖区、2 个县、7 个旗，
市政府驻红山区
◎红山区（站前街道）
◎元宝山区（平庄城区街道）
◎松山区（振兴街道）
◎阿鲁科尔沁旗（天山镇）
◎巴林左旗（林东镇）
◎巴林右旗（大板镇）
◎林西县（林西镇）
◎克什克腾旗（经棚镇）
◎翁牛特旗（乌丹镇）
◎喀喇沁旗（锦山镇）
◎宁城县（天义镇）
◎敖汉旗（新惠镇）

赤峰
CHIFENG

赤峰的前身是昭乌达盟，因地处内蒙古东部，还有东蒙之称。1983 年撤盟建市，因其境内有一座通体赤透的红山而被命名为赤峰。这市名之所以叫成"赤峰"而不叫"红山"，或许这可能是担心与红山文化相混淆吧。长期以来，人们都认为黄河是中华文明的摇篮，其他地域则是一片荒蛮之地，只是在中原文明的扩散中，才逐渐见到了文明之光。这种观点在千年之前就有了，并且几乎成了根深蒂固的定论。在西拉沐沦河与老哈河这"两河流域"被发现和发掘出的红山文化，打破了这种"中原中心论"，而红山文化也足足地把中华文明的起源向前推进了数千年。今天只要是中国人，都愿意把自己称为"龙的传人"，那么最早的中华龙图腾 C 形玉龙就是红山文化的产物，它被称为"中华第一龙"。在中国古代的历史上，那个雄才大略的耶律阿保机、足智多谋的萧太后、骁勇强悍的契丹人、当年与北宋和西夏鼎足而立的大辽，更有那让中原王朝饮恨蒙羞的"澶渊之盟"，这些都曾经让赤峰这块土地辉煌显赫的不得了。只是这些曾经的辉煌和显赫，后来随着契丹人突然的神秘消失，变成了今人依稀朦胧的淡远传说，在赤峰这块土地上难觅了踪影。如今，人们也只能是从杨家将镇守边关的故事里，从梁山泊好汉征伐大辽的情节里，抑或是从金庸《天龙八部》里去窥其一斑了。

敖汉旗
AOHANQI

敖汉位于赤峰市东南，地处燕山山脉东端努鲁尔虎山北麓和科尔沁沙地的南部边缘，与通辽市接壤。敖汉地处塞外，历史上本不在"禹制九州"之内。在16世纪中叶，蒙古宗室察哈尔传至林丹汗时期，元太祖十九世孙岱青杜楞因不堪林丹汗统治，携其弟出离察哈尔部，游牧至老哈河中游，分占了老哈河南北两岸。其弟居东北为奈曼，其兄居东南为敖汉，遂有了这两处的地名，并一直沿用至今。

敖汉旗是以农业为主、农牧林结合的经济类型区，绿色资源是其一大优势，素有"中国杂粮出赤峰，绿色杂粮出敖汉"的美誉。敖汉旗所在地新惠镇是一个现代化的小镇，特别是当地政府以及公检法等部门的办公楼都建的十分气派，街道修建的是内地城市那种少见的宽敞。在夏日明丽的阳光下，小城到处都彰显着勃勃的生机。

07

塞外明珠——赤峰

文物大旗，敖汉

敖汉旗位于赤峰东南部，东接通辽市奈曼旗，南连辽宁省朝阳、北票二市，西与赤峰市区、辽宁省建平县为邻，北与翁牛特旗隔老哈河相望。旗人民政府驻新惠镇。

敖汉旗历史悠久，从新石器时代起，古代先民就已在这里过着渔猎和游牧相结合的原始生活。在几千年的历史变迁中，这里一直是中国北方各民族活动的政治舞台，处在北方政治经济文化的中心。春秋战国时属东胡地后为燕地，秦代为辽西郡，三国曹魏时置昌黎郡，东晋十六国时先后归后赵、前燕、前秦及后燕、北燕辖制，隋时属辽西郡，唐初为松漠都督府徒河州辖境，辽代为中京、上京辖地，后为金朝属地，元代为辽阳行省大宁路，明初为大宁卫地。清崇德元年(1636)置敖汉旗，属昭乌达盟。伪康德四年（1937）旗境内置新惠县，与敖汉旗并存。1948年敖汉旗、新惠县合并为敖汉旗新惠县联合政府。1949年取消旗县联合形式，恢复敖汉旗制。

敖汉旗，在全旗8300平方公里的土地上，分布着不同时期的古代遗址4000余处。其中有国家级文物保护单位3处，自治区、市级文物保护单位各4处，旗级文物保护单位54处。其中小河西文化、兴隆洼文化、赵宝沟文化、小河沿文化等四种史前文化均在敖汉境内发现、命名。

兴隆洼文化遗址于敖汉旗宝国吐乡兴隆洼村，总面积达6万多平方米。经过对4万多平方米的考古发掘，已清理出古代房址153座。房址为圆角方形，有的略作长方形，均为半地穴式建筑，其中房址最大的有140平方米。发掘中尚未发现门道，人们如何进出，尚无结论。中间为灶址，环灶有4个或6个数目不等的较大柱洞，沿穴壁边的四边又各有较小的柱洞5—6个，房址之周围和东北侧有窖藏坑。房址出土了世界上最早的玉器——"玉玦"，最为奇特的葬俗——居室墓、人猪合葬，中国最早的服饰——蚌裙及数千件珍贵的文物、动、植物标本。对于研究当时的自然植被和人与自然的关系提供重要的科学依据。兴隆洼文化遗址于1986年成为国家重点文物保护单位，1996年被评为"八五"期间中国十大考古新发现和上世纪百项考古大发现之一。由于时代久远、遗址面积大、保存最为完整并获取数项考古之最，因

而被专家认定为"华夏第一村"，"中华始祖聚落"。

大甸子夏家店下层文化遗址和墓

地占地7万平方米，有古城一座，墓葬804座，经考证确认是当时社会的文化枢纽和中心。

同属夏家店下层文化的城子山遗址，位于敖汉旗萨力巴乡哈拉沟村东南4公里的东山上。因山之顶部有石砌围墙如城，故名"城子山"。城子山山城为椭圆长方形，平面呈不规则的"亚"字形。

城北、东、西三面略呈圆形，南面略显长方形。城顶地势较平，西北略高于东南，主梁约长2.2公里，为西北——东南走向，西侧有7道山梁，东侧有3道山梁，与主梁相连接，最宽约3公里。山顶主峰为中心城址，面积约15万平方米，山城四周砌筑石围墙，有石砌护坡。全城开设9门，石墙周长1300多米，宽2米。从城内平面布局和地表石砌遗迹看，山城为6个区域，区域之间有石墙相隔，以门道相连通行。主墙两侧分布232个祭坛。城西南有一巨型石雕猪首，雕凿简洁流畅，棱线鲜明、吻部噘起，大嘴张开，双目圆睁，朝向正南方10余里外的鸭鸡山。山城是中国北方地区迄今为止面积最大、保存最为完整、暴露遗迹最为清晰、结构最为复杂的一处古代遗址，也是目前首次发现的东北地区夏家店下层文化超大规模山城。从城内石圈、方院、密布的场面分析，学者们认为这是夏家店下层文化最大的祭祀中心，而被誉为20世纪末中国重大考古发现。城子山遗址对于研究古代社会的演进，国家和城市的形成、宗教信仰、社会变革均提供了重要资料。

敖汉是契丹民族的发祥地之一，辽太祖耶律阿保机的头下私城——武安州，因辽太宗耶律德光在此降生而得名降圣州，均建在敖汉境内。降圣州城址位于

敖汉旗玛尼罕乡五十家子的孟克河左岸，五十家村西侧。城垣为长方形，南北约250米，东西宽225米，残高2米左右，其外又有围城墙，边长约600米。城内外有多处建筑基址，1974年农田大会战时被夷为平地。

城内中轴线偏北立一砖砌佛塔，为八角形密檐空心式，塔檐十三级，高34米，底边宽6米。塔座分四层。塔身为一朵盛开的大莲花纹将塔托起，各角为转角柱上承斗栱。每面正中为佛龛，各龛内泥塑佛像多已损毁，龛两侧为半浮雕式立佛，龛上为华盖，两角为对称的飞天。飞天半裸，体态轻盈飘逸，下有祥云红拖。近檐处为仿木结构的斗栱，檐为双层方木上承瓦，瓦当纹饰系明代风格。自第二层向上皆砖砌，转角尖处为陶制螭首。

塔身正面的佛龛下和第二层檐各嵌入蒙汉文的石刻塔铭，记载了明万历二十八年（1600）起，岱青杜楞及其儿子们率三百工匠，对当时称为"万寿白塔"的三年维修史。遗憾的是，20世纪90年代中期，塔宫被盗。在进行清理时发现，从塔坐北部门而下均是清代堆积，出土唐卡、泥塑佛像、铜镜、铜钱等文物。还发现这是一座自地宫至第十一层檐处全为空心结构，并间隔出层面，其间有砌出的台阶相通，设上下两个券顶门道，是在建塔时所设。地宫底部发现元代遗物，说明在元代也曾进行过维修。

敖汉旗地势为西南部高，东北部低，南有努鲁尔虎山峰峦叠嶂，中部为丘陵地带起伏连绵，北部是沙漠平原区，坨

沼星罗棋布。老哈河、叫来河、孟克河湍急奔流，滋润着这片古老的土地。敖汉旗山川风光秀丽，自然景观迷人而奇特，尤以响水更是声震千年闻名遐迩。

敖汉响水，位于老哈河下游敖汉旗敖润苏莫苏木与翁牛特旗高日罕苏木接壤的石山中，瀑布飞流直下，其声响若雷霆轰鸣，两岸石壁回音隆隆，震撼数十里，形成远近闻名的瀑布景观，当地人称其为"响水"。

敖汉响水声震天下，而敖汉荷花更因色鲜瓣大，晚荣晚枯，艳于江南。据《钦定热河志》记载："荷，敖汉所产，较关内特佳，山庄移植。塞外地寒，草木多早黄落，荷独深秋尚开……"

清王朝修建的避暑山庄，亦称承德离宫或热河行宫，精选长城内外的奇花异草、翠柏苍松移植于宫中，先后共辟七十二景。在乾隆钦定的三十六景中，观莲所是一大胜景，其内之艳丽荷花便

是从敖汉旗移植过来的，专供皇帝及宫廷要员们休闲观赏。

据载，清康熙帝、乾隆帝每次东巡时，须途经敖汉必去观瀑布、赏莲花，激动之余便留有许多赞美之句，康熙诗赞瀑布与白莲曰：

毕竟天然造化工，
方能巧设古今同。
喷云百尺穿岩石，
瀑水千层点药丛。
波涌白莲承晓露，
溪浮绿盖冬香风。
轻声似脱红尘外，
泡影依稀宇宙中。

乾隆的五言《观荷》诗则对荷花作了细微的描写，十分生动。诗曰："香簌拂我旁，霞锦辉我前。俯朵如欲诉，倾珠学涕汛。仰华似开膻，对容呈笑颜。"在另一首七言诗《九月初三日热河见荷花》中，乾隆咏道：

霞衣犹耐九秋寒，
翠盖敲风绿未残。
应是香红久寂寞，
故留冷艳待人看。
前朝见菊黄兼绿，
今日看荷紫带红。
夏卉秋葩浑不辨，
一齐摇曳晚风中。

乾隆八年（1743），乾隆帝第一次东巡途径敖汉时，遥遥听到轰鸣作响的水声，便转辇而至，写下《观敖汉瀑布》长诗一首。诗前有序曰："朕恭谒祖陵至敖汉。见此崖悬水，跳珠琮琤，蒙古游牧地少见也，因名此水为'玉瀑'，而系以诗。"此后，民间便有把敖汉瀑布称为玉瀑之说。诗中写乾隆"我闻奥区天所秘，疑信向半今信然。浩浩万里沙漠塞，乃有瀑布崇岗悬"。观瀑布气

塞外明珠——勃隆

势与声响"侵夺峰岫罗嘉树，渐润溪谷无埃烟。是时仲秋曝晶日，忽闻雷声殷前川。坐令林峦失轻籁，朗吟轻眺万虑蠲。大者明珠小者玑，如倾栲栳投深渊。虎狼骇走不敢饮，下疑千载苍龙眠"。赞其景色"山叶红绿如锦绣，无名野卉向新鲜，鹳鹆徘徊不忍去，鼪鼯时向虬枝间"。于是皇帝感叹了，"禹穿龙门未至此，胡乃三极限鳙鲢？吁嘻泉石诚观止，赏咏自我羌谁先！匡庐香炉无是逾，山灵占此永不迁"。

乾隆十九年（1754），乾隆帝由热河启程第二次东巡入敖汉旗，距瀑布三百余里时，想起十一年前曾游敖汉瀑布时的情形，思情顿生，赋诗《寄题敖汉瀑布水》：

我爱敖汉瀑布水，

今来路隔三百里。

题诗睫眼十一年，

飞注东流殊未已。

敖汉古文化从8000年前直至元、明、清时代均未见缺环，是考古界公认的中国北方历史文化研究基地。

敖汉旗"兴隆洼文化遗址"被中国考古界誉为"华夏第一村"。

敖汉旗"大甸子夏家店下层文化遗址"被称为"海内外孤篇"。

敖汉旗在全国县级博物馆中居第一位，藏品5000余件（套），是全国闻名的文物大旗。

打虎石水库

DAHUSHI SHUIKU

　　打虎石水库位于内蒙古自治区赤峰市宁城县，水库建成之日，勤劳勇敢的宁城人就把它命名为了"打虎石水库"，这一名字的由来缘于此地"打虎石"的传说。

　　在我国的五代史里，有一位最鼎鼎有名的猛将李存孝，当年他就曾在此地的一块巨石上徒手打死过一只斑斓猛虎。在如今水库南岩山下的那块巨石上，四个虎爪蹄印仍清晰可见。这位猛将当年曾率李克用的军队打败朱温的梁军，其骄悍可比肩于隋唐时期的李元霸。

　　若由坝底攀着90多级石阶而上至坝顶，就会看见在群山环抱之间，一湖澄明的碧水横在眼前。夏日的阳光把湖水照的斑驳陆离，夏风微拂，水波不惊，

如镜的湖面上纤云弄巧，绿树、青山、蓝天、碧崖倒映湖中。远处山腰岸边有游人的影子在湖水中映出，像是踩着水中的云朵，又像是游弋在湛蓝的天幕里。周遭层峰累累的山势怪石嶙峋，娇小玲珑的如破土而出的春笋，精巧雅致的像含苞欲放的睡莲，动感十足的如出水的蛟龙，呼啸跃动的像扬鬃的骏马，水上水下俨然是一个活脱脱的世界，它们远离尘世，藏匿在旷野深山之中，令人一走进它，便有一种羽化而仙的感觉。

藏龙谷
CANGLONGGU

就在距打虎石水库不远处的一条绵延数十里的大东沟里，沟的两边林木葱郁，峰峦叠嶂，沟底有一条山脉，高低错落，逶迤而行，在郁郁葱葱的山势掩映下，不见首尾，像是一条巨龙，就藏匿在这深山峡谷之中。

头顶的白云在裸露着的岩石上摩挲着。在天幕湛蓝色的底布上，云白的是那么的纯，轮廓是那么的清晰。

进到水库的途中会经过一座"双龙洞"，一处只能一人容身的洞口洞穿一座山峰，钻进洞口匍匐而过，出洞口便是建在半山腰上的一处十米见方的悬崖台地，临崖探首，脚下便是陡壁数十丈的深渊谷底，令人不禁胆战心惊。从这里能看到对面峡谷绵延的山势和山下谷底蜿蜒的小路，山风吹着，浮云就从眼前掠过，像一匹轻纱飘飞上头顶。一时间恍然如梦，天上人间。

从双龙洞返回，继续向上攀登，登上山顶的亭子，依在亭子的木柱旁小憩，山风拂面，能听到周遭的松涛隐隐作响。蓝天就在伸手可及之处，浮云被踩在脚下，远处平阔的打虎石水库如一块晶莹剔透的蓝宝石遗落在山间，一座座酷似仙境的山峰就那么逼真地倒插在水中。藏龙谷，与其说是神龙藏匿之处，倒不如说是一处心灵的江湖。一路草原之行的脚步而来，不期然于这草原边缘的深山峡谷里，它会让每一个人都会莫名的感怀。

人在藏龙谷，迎山峰而立于这高山之巅，山水云天，长风清涧，就感觉它离尘世是那么的远。一路而来，贸然闯入，哪还管你曾经怎样风云过、落魄过、潇洒过、荒唐过，都不再重要了，更无人知晓了，将曾经的过往各自掩埋，只管在此成一统，顾自做一帘幽梦。

乌兰布统

WULANBUTONG

"乌兰布统"系蒙古语，意为"红色瓮行山"。乌兰布统草原位于内蒙古赤峰克什克腾旗与河北承德围场县交汇处，这里属于丘陵与草原交错地带，丘陵台地、林木草原相互交错，成就了其迷人的欧式草原风光。所谓的坝上草原，其大部分的风景区就都在乌兰布统。

一望无际的碧野随高低错落的绿丘漫漫铺展而去，道道绿丘那条条浑圆的弧线就画在天边，窄窄的沙石路在那茵茵草色之间或隐或现着不见尽头。

人到乌兰布统，风景就在路上。乘车一路而行，草甸边缘的漫坡上，有此地独具特色的白桦树在向你随风摇曳，白桦树成林时密不透风、遮天蔽日，一

07

塞外明珠——赤峰

朵朵的白云从林间游离而出，就匍匐在那绿莹莹的山坡草地上；稀疏时三五一簇、几十棵成丛，鹤立鸡群般地点缀在万顷碧野之间。无规则相间的道道绿丘草原彰显的如梦如幻。夏日的阳光被朵朵游弋的白云遮挡变换着，草原上明明暗暗。那漫山遍野的碎碎山花，正在热烈而绚烂地绽放着，似乎就在这万顷碧

或隐在茂密的白桦林中或显在纵横密布的绿毯之间，遮盖不住的是其横空勾勒而出的优美弧线，时有一座两座红瓦尖顶木屋被青青草色簇拥着、被丛丛桦林遮掩着扑入眼帘，把这美丽的乌兰布统野之间有一只神来之手，在大甸子和山坡上编织出一块块五彩缤纷的锦缎，远看像一朵朵扑朔迷离的彩云滑落在地面，在蓝天白云、青山碧水的衬托下，酷似一幅幅绚丽多姿的欧式油画。就感觉自

已是一下子闯进了那没有丝毫尘影的童话世界，芳草天涯。

在乌兰布统草原，每逢夏季，草原就开始了其百花绚烂的盛宴。这里 10 余天就会换一茬花种，你这次来是黄色，过十几天再来就成了粉色或红色，每一

伫立在花的海洋里，你会真实的就感觉这时空仿佛就浓缩在那么一刻，看眼前这林木草色相间的草甸上，花开花落，色彩变换，一如影视镜头中的景色摇移，不似人间。真想就在乌兰布统这夏日阳光下，顾自做一个长长的白日梦，

茬都以领衔花种为主色调，其余各色陪衬其间。那些叫不出名字的各色山花，全然不顾这旷野的寂寥，绚烂的绽放着。在四季轮回之间，岁岁如期而至，千姿百态，万紫千红。

不刻意去为谁守候，不期盼去与谁邂逅，就想着能在自己的心中架起一座桥梁，踩着脚下这松软的青青草色而去，毫无牵挂地走向梦的那头，然后永久地定格，与人间风月无关。

将军泡子的来由

据史书记载和民间说法，将军泡子乃当年康熙皇帝亲征，击溃漠西噶尔丹叛军的地方，噶尔丹是漠西蒙古准噶尔部的统治首领，由于所处的伊犁地区物产非常丰富，噶尔丹的野心也不断地膨胀，在沙俄不怀好意的纵容支持下，除了不断地侵犯漠北蒙古（今蒙古国）、漠南蒙古（今内蒙古），还狂妄地宣称要夺取黄河为饮马槽，噶尔丹于1685年率兵打到了塞罕坝，并且就在将军泡子这里布下了由几万峰骆驼组成的骆驼阵，清军的大炮万炮齐鸣，惊散了噶尔丹的骆驼阵，噶尔丹只好落荒而逃。强烈的震动改变了此地的地理结构，致使地下水涌出形成了一个大泡子，（当然，到底是如何形成的将军泡子，还得听地质学家怎么说才是）。由于在大战中康熙皇帝的舅父，佟国纲将军血浴沙场，将军泡子由此得名或者是改名。而噶尔丹其人劣性不改，终于在几年后的又一次和清廷的较量当中，遭到灭顶之灾，溃退伊犁后发现汗位已被其侄子夺取，次年服毒自尽。

在著名的金莲花滩上，金灿灿的花儿热烈而绚烂地绽放，在周遭一片绿色的海洋中似乎翻动着一块巨大的金色魔毯，云影浮动间明明暗暗，岚霭漫溲中真真幻幻，从明黄到暗黄，从金黄到浅黄，交错变换着，游弋不定着，直令人目色迷离，心旌摇曳。这不是幻觉，也不是梦境，你会感觉自己就真的在此一步踏进了时空的隧道，看花色变换之际，人间已是千年。

当年康熙大帝在此指挥清军大战噶尔丹，数百年之后，今人在此拍摄出《康熙王朝》。就在这金莲花滩之前、乌兰布统峰下。或许那歌声真就是康熙帝最为真实的心语："看铁蹄铮铮，踏遍万里河山，我站在风口浪尖紧握住日月旋转。血淹没人间，安得太平美满，我真的还想再活五百年"。

克什克腾旗
KESHIKETENGQI

在距北京 500 多公里处，有一个神奇的地方，它就是赤峰的克什克腾旗。

塞外明珠——赤峰

克什克腾是蒙古语，意为"亲军"和"卫队"，最早这里是成吉思汗驻扎亲军和卫队的地方，因此，这里的男人都骁勇剽悍，女人都美丽善良。当年成吉思汗不仅从这里选拔亲兵，还把此地封给了其岳父所在的弘吉剌部，并与之世代联姻。在元代 100 多年的历史上，这里就有 20 多位女子选入朝中为后妃，而离京下嫁到这里的公主也有 10 多位，可见这里人杰地灵。

克什克腾素有人间花园之称，它位于赤峰的最西部，与辽阔的锡林郭勒大草原接壤，是内蒙古高原、大兴安岭山脉、阴山山脉三大地貌结合部，为塞上金三角，集高山大川、丘陵沙地和草原湖泊于一体，处处都展示着她的美丽和富饶。

贡格尔草原，达里诺尔湖，白音敖包，黄岗梁丘陵草地，热水塘温泉，阿斯哈图石林，西拉木伦河谷，还有青山神奇的峰林石臼，这就是内蒙古克什克腾的北部风情，自然纯净、多姿多彩。内蒙古典型的蓝天、白云、草原、湖泊、森林、山峰、沙漠、温泉。高山草甸疏林景观是克什克腾独特的美，白桦、紫桦、蒙古栎、五角枫，有的在一望无际的草坡上亭亭玉立，有的三五成群地长在岩石上，更多的是周围群峰环绕，脚下绿草如茵。

微风轻拂，清香四溢，阳光飘洒，眼界开阔，没有了狭窄的楼群拥挤的地铁，没有职场杀机和污染的空气，这里的自然风光足以让人不远千里。在辽阔中任思绪飘飞，在清气中让欲望恣意。

浑善达克
HUNSHANDAKE

　　"浑善达克"为蒙古语，意为"孤独的马驹"，简称"孤驹"。浑善达克是锡林郭勒沙漠活动最为强烈的地区，这是一条东西长、南北窄的沙带，它从蒙古国进入我国，由西向东横跨锡林郭勒大草原南部，直抵赤峰克什克腾贡格尔草原西部，境内面积相当于半个台湾岛，当地人称其为"小腾格里"或"黄色的马驹"。

　　它是距离北京最近的草原沙地。

　　历史上的浑善达克曾享有"千里松林"和"松漠"的美称，直到清代，还有人赋诗以赞："翠柏峰峰合，黄沙处处明"。它曾经倾倒过13世纪时那位在蒙古草原上纵横驰骋、叱咤风云的成吉思汗。而"浑善达克"之名就是他挥师西征经此沙地时，为其最心爱的坐骑所起的名字，而这片沙地也就与其坐骑有了一个相同的名字。

出锡林浩特南行不远，宽广的公路两侧，见不到多少裸露的沙土，许是比乌珠穆沁草原要靠南的原因吧，这里的草色比起乌珠穆沁草原来却是在枯黄之中透着缕缕的绿色。驱车驶入浑善达克腹地，就能看到错落起伏的沙丘，被茂盛的沙柳、沙蒿等沙地灌木密实地覆盖着，有明沙的地方也被网格状的人工沙障牢牢锁住，曾经的沙魔已经被驯化。西方的天幕上浮动着数朵缥缈的流云，远方的斜阳下，树荫间红墙瓦房隐现，像是一首古诗的意境，"绿树村边合"。自2001年国家在这里启动"京津风沙源治理工程"以来，一道绿色屏障已经紧紧地锁定了这草原沙带南行的脚步。

沙地云杉

SHADI YUNSHAN

在浑善达克沙地东北部边缘的克什克腾旗白音敖包自然保护区内，生长着一种奇诡的树种，它被称为沙地云杉。

塞外明珠——赤峰

沙地云杉是世界上十分稀有的珍贵树种，现世界上仅存十几万亩，全部生长在内蒙古高原上，集中成片的也仅有3万多亩，就在白音敖包自然保护区内。在这千百年的岁月里，随着这里土地的干旱和沙化，为了汲取更多滋养的水分，它把自己的主根扎进近百米的土地里，为了抗击强烈的风沙，它竟生出非常发达的侧根系，盘根错节在这沙地上。据说这种成年云杉的根系是其树冠的二至

三倍，每一棵树就能固定一座沙丘。沙地上有这样一片奇诡的云杉，它们如此顽强的生命力令人叹为观止，它们又有如此强大的防沙固沙的功效，更令人敬畏。

在浑善达克沙地的边缘，一道道山丘的坡地上长满了一株株苍劲挺拔的云杉树，树高从十几米到几十米不等。树状似塔、树干龟裂、干红叶细、枝条横生，错落有致地分布在长满杂草的沟沟壑壑之间。能看到那一块块在草地上隐现着的黄白色沙地，被一株株云杉裸露在外的那蔓延交织的根系紧紧地抓握着。正在发黄的草色间，有各色的野花在云杉林那巨大的冠状绿荫庇护下，悄然地绽放。

在这一片森森茂茂之中，恍惚之间会看到在那云杉林的深处有一座秀美的小山，山顶有用碎石垒就的敖包式石堆，

那就是著名的白音敖包。远远地能看到在那敖包上挂有五颜六色的彩条，那是当地牧民来此祭祀时所系的哈达，它蕴涵着人们期盼来年风调雨顺的心愿。林中已没有路，踏着厚厚的草甸走着，当走上那白音敖包时，视线便豁然开朗了。远眺四周那一片片斑斑驳驳的沙地，而在这里单单凸显出一片苍翠的绿洲，绿洲中那一株株俊秀挺拔的云杉，从这个视角再看，无处不在充斥着一股大漠阳刚的气质。它塔状的树冠如盔、金绿的针叶似甲，郁郁葱葱的身姿岿然屹立在这高原沙地之上，秋日里，巍然肃穆，直指苍穹。就感觉周遭有一种瑟瑟不绝的音律回荡在这天地之间，荡涤着人的胸襟。

白音敖包沙地云杉，经历了千百年岁月的沐风栉雨，见证了地球的沧海桑田，携手挺立在这浑善达克沙地的边缘，

超凡脱俗，傲笑群木，以它的执着和坚毅，以它的不屈和顽强，恪守着一个绿绿的梦想。

沙地云杉能保存至今，还有一个古老而神奇的传说。相传在很久以前，有一天，在太阳要落山的时候，忽然，天空中霞光万道，彩云飞舞，万鸟齐鸣。

这里朝圣的人络绎不绝，终日香火不断，真是兴旺得不得了。鼎盛时期，寺院里有喇嘛30多位。

又过了几年，大喇嘛决意离开这里，寺院里所有喇嘛跪拜送行，只见大喇嘛飘然向西方而去，消失在天地间。第二天天亮后，人们发现这片沙地云杉向大

太阳落山后，天上的星星明亮闪烁，甚是迷人。这种奇特的景象，使当地民众兴奋不已，欢呼雀跃。第二天，当人们一觉醒来的时候，开门一看惊呆了，只见远处山坡上长满了高大挺拔的松树（沙地云杉）。惊奇之后，随之而来的是兴奋，因为这片森林将改变当地民众的生存环境和生存条件。

不久，来了一位德高望重的大喇嘛，他在森林内观望了许久，自言自语道："宝地，宝地呀！"于是，他就在林间空地建造了一座喇嘛庙，从此，一年四季来

喇嘛离去的方向移动了很多，如果不想办法把这片森林锁住，这些沙地云杉就要离开这里了。众喇嘛发现这片森林里有一棵神树，也叫树王，就是它在带头移动。有人出主意说，做一条铁索链子，用它将树王锁住；这一招果然灵验，树不走了。

为保护好这片森林不遭砍伐和破坏，喇嘛制定了民规乡约，称这片森林都是神树，它能保护一方平安，谁要砍伐必遭灭顶之灾。因此，这片沙地云杉得以保存至今。

热水塘
RESHUITANG

又叫"嘎拉德斯台"，蒙古语意为"火热的泉"，也就是"热水塘"的意思。正是因为有了这样一泓天赐的温泉水，才成就了热水塘小镇今天的繁荣。这里有很多各方投资兴建的商业化温泉园区，每年春末至秋初都在吸引着众多的外地游人来此疗养度假。

热水塘小镇，处于内蒙古高原东部边缘与大兴安岭山地和华北山地交汇处，特殊的地质构造使得小镇具备了丰富的温泉资源，它就富集于乌梁苏台河北岸山前坡洪积扇裙上和花岗岩体的构造裂隙带中，方圆仅一公里，这正是小镇所处的位置。天然的温泉热水含铀、镭、氡及硫化氢等40余种微量元素，热水温度高达80多度，涌水量大，补给来源充沛，就连当地老百姓家里冬天的暖气供

热都用它，听着都让人感觉奢侈的很。

热水塘的温泉水清澈透明，微有硫磺气味，具有很好的保健和治疗作用，被誉为"东方神泉圣水"。

相传在一千多年前，有一位僧人骑马长途跋涉路经此地，正值人困马乏之际前面又遇小溪挡道，人马皆陷泥塘之中。挣扎之时，僧人意外地感觉这潺潺的溪流水奇热无比，饥渴的僧人无意中喝下这溪水，顿觉神清气爽，便随即在此建寺修庙，挖井成池，砌石设浴。四方百姓慕名而来，沐浴祛疾，遂视为神泉圣水。由此，这泉便取名为"嘎拉德斯台"，那寺院后来也被更名为了"荟祥寺"。据说当年康熙大帝亲征噶尔丹，取得乌兰布统之战胜利后，曾专程来此寺院的温泉中洗浴，听说在今天的热水塘小镇上还遗存着"康熙浴井"的遗址。实际上，在康熙之前，辽太祖、辽太宗

等封建帝王都来过这小镇逗留洗浴过这里的温泉浴。

热水塘小镇目前还只是一个正在兴建的集旅游、观光、度假、疗养为一体的草原旅游度假村。小镇的人即热情又朴实，也是善良实在的，虽然这里每年都会有大量的现代化城市的游人蜂拥而至，但似乎没有影响到他们日常的生活，在他们的心中，关注的只是自己的日子。在如今城市商业化迅疾向农村蔓延的时日，小镇人依然日出而作、日落而息。

每日的午后，小镇上少见行人，和煦的暖阳，湛蓝的天空，夏末时节里，北山上的草色会泛着丝丝的秋黄，天幕上生出的云就在那山顶一动不动，再念一遍蒙古语的"嘎拉德斯台"，就感觉眼前的小镇是那么出奇的静谧，静谧的使你的难以捕捉到一丝远古的回响。

阿斯哈图石林
ASIHATU SHILIN

　　"阿斯哈图"系蒙古语，意为"险峻的岩石"。属花岗岩石林，是目前世界上独有的一种奇特地貌景观。

　　昆明有路南石林，赤峰有阿斯哈图石林。说起石林，人们马上想到的就是前者，而很少有人会知道，在赤峰克什克腾旗境内的贡格尔草原边上，还有阿斯哈图石林，并且还为世界之著名。

　　实际上，直到20世纪90年代之前，知道阿斯哈图石林的人还很少。克什克腾地广人稀，除了个别地质工作者对这里较为了解以外，恐怕只有为数不多而且居住分散的当地牧民了，何况那时连温饱还没解决的人，哪有心情把其视为一处景观呢？那时，在他们的眼里，这里就是一堆稀奇古怪的石头。

克什克腾是世界上30多家世界地质公园之一，阿斯哈图石林便是克什克腾世界地质公园八大景区中的一个著名的景区。阿斯哈图石林位于大兴安岭主峰黄岗梁以北不远处的北大山上，面积约20平方公里，集中分布在北大山上4公里宽、5公里长范围内的数个山脊之上。现在对游人开放的有三个景区，一区叫"月亮城堡"景区，二区叫"三结义"景区，三区叫"鲲鹏景区"。

和大家熟知的路南石林比起来，在这片亘古荒原上突兀而立的阿斯哈图石林，处处都在浸透着一股粗犷和豪放之气，散发着北方游牧民族那一种雄浑阳刚的气质。

塞外明珠——赤峰

宁城
NINGCHENG

宁城县位于赤峰市西南部，北连喀喇沁旗，东与辽宁省建平县、凌源县为邻，西南两面与河北省承德县、隆化县、平泉县接壤，县人民政府驻地为天义镇。

宁城县历史悠久，秦汉时期属辽西部，隋唐时属饶乐都督府，辽代为中京大定府辖，明朝设大宁卫，清至民国初期，分别属卓索图盟喀喇沁部、平泉县。1931年设大宁设治局，1932年改制为县时，取大宁设治局的"宁"字和设治局的驻地土城子的"城"字而得名宁城。

伪满时期撤平泉、宁城二县，恢复喀喇沁中旗。新中国成立后，先后设宁城县、喀喇沁中旗、宁城县喀喇沁旗联合政府，1949年改称宁城县人民政府，属热河省，1956年归昭乌达盟，1983年随撤盟建市，隶属于赤峰市。

宁城，"塞外茅台"之乡

宁城县呈西高东低地势，西部七老图山脉峰岭高耸蜿蜒，沟壑纵横交错，大黑山、平顶山、十八盘道，龙潭梁散落在这里。中部东部为丘陵区地势较低，老哈河和昆都伦河流域有部分冲积平原，构成"五山四丘一分川"的秀美地貌。宁城县地上地下皆是宝，农田肥沃，林地富饶，地面水资源丰富，地下泉温高质优，山川秀丽怡情，"塞外茅台"名震八方……宁城又是著名的"契丹文化"发祥地之一，文化遗产璀璨夺目，自然景观壮丽多姿，吸引着各地无数的专家与游客纷沓而至，追溯历史的远古，享受自然的恬静，品尝生活的醇美。

到宁城，定去凭吊辽中京遗址，这是大部分旅游者和专家的首选。辽中京是辽王朝极盛时期的陪都，是辽代后期的政治文化中心。辽宋澶渊之盟后，契丹贵族为便于与中原交往，于辽圣宗统和二十五年（1007）兴建的。史载，辽圣宗于统和二十二年（1004）路过这里，见此地北依七金山（今九头山），西眺马盂山，南濒老哈河，气候温和，水草丰美，宜于农耕放牧。遥望南天瑞气笼罩，有郛郭楼阁之势。于是在母亲萧太后的支持下，征召燕云地区迁来的汉族工匠，以北宋都城汴梁的建筑布局修筑了中京城，其"郛郭、官掖、楼阁、府库、市肆、廊庑"等均似汴梁城再现塞外。中京有三重城，外城、内城和皇城。外城东西长 4200 米，南北宽 3500 米。正门曰朱夏门，门内向北有弧形大道，直通内城的南门阳德门。内城在外城的中部，内外城略成回字形。内城东西长 2000 米，南北宽 1500 米。皇城居于内城中北部，长宽距离相等，每边 1000 米，其北墙为内城之北墙。城中有祖庙、文化殿、武功殿及大殿等建筑群，文化殿为萧太后居所，武功殿则是辽圣宗常驻。中京城自兴建始一直是辽王朝的重要城池。明太祖死后，因诸王争雄战火连连，中京城地面建筑遭破坏遂成废墟。辽中京从筑成到毁坏历时 392 年，因毁于明朝，当地人就称中京城这片遗址为大明城，称城中的塔为大明塔。

中京遗址内外现存大塔、小塔、半截塔、石狮、龟趺等，其中，以大明塔最为著名。大明塔与中京城建于同一时期，该塔筑于约 6 米高的夯土台基上，其结构为八角形十三层密檐式实心砖塔，塔座直径约３４米，每边宽约１４米，呈须弥形，分两层。塔身高约７４米，塔檐椽头挂有铜铃，和风习习，铃声悦耳，声传数里之遥。塔身分八面，第一层每面镶嵌浮雕，为观音、地藏、除盖障、妙吉祥、金刚手、普贤、虚空藏、慈氏八大菩萨雕像，浮雕造型精美，栩栩如生。逢两面相接的棱面上，刻着佛经警句和神像尊名。正南面的观音像体态丰满、姿态庄重、飘带自然，端坐于云烟浩渺的莲花台上，身旁为脚踏浮云的飞天，手持荷花，体态轻盈，神采奕奕。

大明塔于清咸丰四年（1854）补修，塔身第一层留有蒙古文题记，"大清咸丰甲寅年敬修"。大明塔造型浑厚、雄伟壮观，是国内现存砖塔中保存最好、体量最大的古塔，是我国古代建筑的艺术珍品，1961年被列为国家重点文物保护单位。

康熙二十二年（1683），清圣祖玄烨巡幸塞外，曾路经中京之地，触景生情，感叹连连，留下许多诗作。有叹中京遗址的：

断戍颓垣蔓青草，秋风立马一延停。
侍臣不识凭临意，只道初番过大宁。

题大明塔的诗句有：

鲁恭宫殿颓无存，
堆果窣堵巍平原。
寂寥此日真净业，
庄严异代徒只园。
杰构岁文具灵异，
不云常罩氤氲气。
自远早见郁岩峣，
逼近欲瞻翻不易……
万里标宗恒镇北，
六和浮玉向曾登。
仰瞩空怀最上层，
触绪题词讵可量。
遇境忘言实未能，
大千乾澳何春秋。

大凡到了宁城，就要去热水镇走走。看看那里的景色，泡泡那里的温泉。热水镇因其地下温泉而得名，辽代起便有文字记载并被开发利用。热水形成于公元1290年一次地震活动，分布面积约为0.4平方公里。日动储量2000吨左右。热水温泉是全国水温最高的温泉之一，水中心出口处水温高达97度，一颗鸡蛋几分钟便熟了。温泉附近地表，普遍分布黏土和亚黏土层，温度很高，像暖水瓶一样，对温泉的水温起到了良好的保温作用。温泉水无色透明，在20度以上的情况下，呈碱性无臭味，内含有多种化学元素及人体必需的微量元素，对布氏杆菌病、多发性神经炎、增生性脊柱炎、关节炎、各类皮肤病等多种适应征有明显疗效和较好的保健作用。

1681年，清康熙帝巡视塞外，出喜峰口，经宁城境，曾在此驻跸沐浴，留下"康熙木井"遗迹。清名臣高士奇亦赋诗录下此事。后人在其遗址上建起了"圣泉亭"，成为热水镇一景。圣泉亭是仿古建筑，雕梁画栋，色彩鲜亮，亭檐下的横匾上书写着"圣泉亭"三个古字。

另一侧则抄录着高士奇的诗作《驻跸巴尔汗汤泉》，巴尔汗即今日的八里罕，全诗曰：

> 夕照西下岭，平楚生荒烟。
> 旌旗散晚猎，万马奔前川。
> 忽看碧草际，一水流溅溅。
> 深间转澄澈，暖气如沸煎。
> 小坐濯尘缨，云是古汤泉。
> 远听铙吹发，帘幕灯光悬。
> 回望尽暝色，圆月明山巅。

阅罢，当年康熙帝巡视北域之宏伟场面，发现温泉时之惊喜情景已跃然纸上再现眼前。

热水镇为群山环抱，山清水秀，恬静优美。出热水镇沿坡南下，是一条小河潺缓流淌，蜿蜒前行，汇入一片绿色世界里。山坡上黑松挺拔苍翠，郁郁葱葱。山谷里山花烂漫，碧草如茵。浓浓的绿荫中，间有泥舍错落，或闻犬吠鸡鸣，一幅美不胜收的田园风光。热水镇已被建设部列为全国500家城镇建设重点。现在，一座集疗养、旅游、度假为一体的花园式城镇建设初具规模。

辽大明塔名扬九州，大明塔牌宁城老窖也四海飘香。大明塔牌宁城老窖是宁城县八里罕酒厂的产品，为麸曲浓香型白酒，酒度为55度。具有清澈透明、窖香浓郁、绵甜甘洌、口味悠长，尾子干净之特点。在产品种类上，经过多次技术提升，宁城老窖已经形成了浓、清、酱三大香型系列，且高、中、低档俱全的36个品种。随着知名度的逐步扩大，产品不仅在国内市场和香港、台湾地区畅销，而且还打入国际市场，先后出口美国、俄罗斯、蒙古、新加坡、加拿大、日本、韩国、布利亚特等国家和地区。

国家副主席乌兰夫曾赞誉宁城老窖为"塞外茅台"，我国高级酿酒专家沈治芳也以"塞外神品"大加称颂，全国白酒协会会长周恒刚亦题词：麯香直上大明塔，酒味源来天巨泉。天巨泉是八里罕三眼圣泉之一，也是制酒烧锅的字号。自治区蒙古族诗人安柯钦夫在访八里

罕酒厂时留下了赞美之句：

李白饮遍天下酒，

只恨无缘到宁城。

倘若有人赠老窖。

定会醉舞八仙厅。

宁城酿酒历史悠久，这里曾出土春秋时期的青铜酒器。三国时魏武王北征时，竟给这里留下不少关于酒的传说。宋代大中祥符元年（1008）宋使路振出使辽中京，在大定府城内的"大同驿"，辽圣宗耶律隆绪和萧太后设御宴为其接风洗尘，席间主人便是用当地酿造的御酒款待路振。到了金、元、明、清时，酿酒业更趋兴旺，民间已有"造酒、制曲"风俗，出现过许多制酒烧锅，其中天巨泉、隆盛泉、景泰泉三大烧锅最为有名。1958年八里罕酒厂建成，1978年投产麸曲酒，沿用和发展了传统的制酒工艺，又广纳全国同类产品工艺之长，使古老名酒重现异彩，更显玉液琼浆之风雅，麸曲浓香型酒之特点，深受消费者欢迎和青睐。南有贵州茅台，北有塞外茅台，双双获得第四届国际贸易博览会金奖，已成佳话盛传大江南北。

宁城老窖在自身壮大过程中，稳步地实现了工农两业互惠互利、共同发展的良性循环，并在互动的作用下，打造出一系列新的产业链条，有效地带动了地区经济的全面发展。

车辚辚马萧萧，历史已进入二十一世纪。

物华天宝、人杰地灵的宁城大地，承载着灿烂的历史的文明。

赤峰地区旅行推荐——

辽庆陵：位于巴林右旗辽庆州城遗址北。陵墓所在大山名大黑山，辽代名庆云山。山势雄伟，森林密布，溪流纵横。山麓葬有辽圣宗耶律隆绪、兴宗耶律宗真、道宗耶律洪基三帝及其后妃的陵墓。

庆州城遗址：位于巴林右旗索不力嘎苏木（白塔子乡）、查干木伦河上游冲积平地上。地处大兴安岭南支，重峦叠嶂，山色秀丽，水草丰美，为辽代帝王经常游猎场所，圣宗耶律隆绪曾狩猎于此，死后按照其遗嘱葬于庆云山麓，因此建立庆州，作为守护和祭扫陵寝的奉陵邑。

庆州白塔：位于赤峰市巴林右旗索博日嘎苏木驻地东北查干沐沦河的冲积平原上。庆州白塔的真正名称是"释迦牟尼舍利塔"，是佛教徒为供奉释迦牟尼火化后的舍利而建，因其外观呈现白色，俗称"辽庆州白塔"，当地牧民称作"金金察罕索布尔嘎"。

辽太祖陵：位于巴林左旗辽祖州城址西北的环形山谷中。谷口山峰陡立，并筑有土墙和陵门阻隔，豁口仅可容小车通行。谷内树木茂密，泉水潺潺，风景佳绝。

辽上京遗址：位于赤峰市巴林左旗林东镇南郊。始建于辽太祖神册三年(918)，是辽国的首都。

辽中京遗址：辽国共有五京，中京为五京之一，其遗址坐落在今赤峰市宁城县的大明乡中。

辽大明塔：大明塔在内蒙古宁城县辽中京城遗址内，是现存辽塔中最大的一座。

克什克腾国家地质公园：位于内蒙古自治区赤峰市克什克腾旗境内，主要由阿斯哈图花岗岩石林、青山"岩臼"群及花岗岩峰林、黄岗梁第四纪冰川遗迹、平顶山"冰斗"群、达里诺尔（湖）

07

火山群、热水塘温泉、西拉沐沦大峡谷、浑善达克沙地八种类型的地质地貌景观组成。

宝山墓群：位于内蒙古自治区阿鲁科尔沁旗东沙布台乡宝山村西，为辽代耶律羽之家族墓地。

大青山第四纪冰川遗迹公园：位于经棚镇南新井乡境内，由渗金沟和关东

后召庙辽石窟寺：辽代石窟"真寂之寺"，即林东后召庙石窟寺。位于巴林左旗林东镇西南。

达里诺尔湖：达里诺尔湖是内蒙古四大内陆湖之一，享有我国第三大天鹅湖的美誉。位于贡格尔草原西南部。

砧子山古岩画：位于达里诺尔湖北岸，属自然遗迹，是火山喷发时形成的

峪及大青山组成，冰臼群、冰石林、刃脊、角峰、石河等数量之多，规模之大实属世界罕见。

山体之一。爬山时要小心一种叫"哈拉海"的野草，扎到手上时感觉又痒又疼。

喀喇沁亲王府：是清朝贡亲王的府

地，始建于清康熙十八年（1629），坐落于内蒙古赤峰市喀喇沁旗王爷镇，是目前内蒙古现存王府建筑中建成年代最早、建筑规模最大、规格等级最高、保存最好、知名度最高的一座古建筑群。

黄岗梁国家森林公园：位于内蒙古赤峰市克什克腾旗西北部，地形以丘陵和高山台地为主体。

福会寺：位于内蒙古赤峰市喀喇沁旗王爷镇西，属喀喇沁王府的家庙，建于清康熙年间，是喀喇沁旗大喇嘛寺庙之一。

荣宪公主墓：荣宪公主墓位于内蒙古自治区赤峰市巴林左旗巴彦尔灯苏木十家子嘎查巴彦套白山西南麓的缓坡上，为清代塞北的重要陵墓之一。

荟福寺：俗称东大庙。在巴林右旗大板镇内。清康熙四十五年（1706）康熙帝次女荣宪公主主持兴建，初名巴尔斯（虎）庙，后改名荟福寺。

灵悦寺：在喀喇沁旗锦山镇。建于清康熙年间。

龙泉寺：位于内蒙古喀喇沁旗锦山镇西北三公里，海拔1200米的狮子崖下。寺西不远有古井一眼，古称"龙泉"，常年泉水不枯，"龙泉寺"便由此而得名。

马鞍山国家森林公园：位于内蒙古赤峰市喀喇沁旗锦山镇东南处，属喀喇沁王府的家庙。马鞍山环境幽雅，森林茂密，古松、奇峰、云海、清泉堪称"四绝"。

达拉哈沙湖：位于赤峰市阿旗扎嘎斯台苏木，是一个多种旅游资源集聚的地方。草原、湖泊、沙地、绿树相得益彰，风景优美如画。

罕山自然风光：位于阿鲁科尔沁旗巴彦温都苏木北部，是属于大兴安岭的支脉。由众多高大的山峰组成，因山势高大雄伟，顶部平坦，植物低矮，故名高大平顶山。

根丕庙：位于阿鲁科尔沁旗北部、巴彦包力格苏木境内。背靠群山、腹临平川，是个风景秀丽幽雅的地方。

城子山遗址：位于内蒙古赤峰市敖汉旗萨力巴多与玛尼罕乡交界处，为青铜时代遗址，它是目前国内发现的规模最大、祭坛数量最多的祭祀遗址。

响水玉瀑：在敖汉旗与翁牛特旗接壤山谷中。这里林木青葱，气候凉爽，峭崖壁立，河中奇形怪状的巨石林立，响水声随着季节的变化而各异，为少有的一大胜景。

大黑山自然保护区：位于内蒙古赤峰市敖汉旗东南，是一个以保护草原、森林、湿地等多样生态系统及珍稀野生动植物和西辽河水源涵养、水土保持为主要对象的丘陵山区综合性自然保护区。

燕长城：从赤峰市敖汉旗宝国吐苏木荷叶花嘎查延伸进入奈曼境内土城子乡的高和，经七家子、杏树园子等村，直达牛河边，后以河代城，北溯20公里，又起自牛河东岸继续向东延伸，经蛤蟆山北麓、扣根南、朝阳沟等地，伸向库伦旗平安乡的西下注，再向东延伸，直至库伦旗先进苏木，然后进入辽宁省阜新县境内。

宁城热水温泉旅游疗养度假村：位于宁城县热水镇，该温泉开发利用已有千余年的历史，早在辽代，辽太宗及后继皇帝先后来此沐浴。

玉龙沙湖旅游区：位于翁牛特旗朝格温都苏木布日墩嘎查境内。是一个以沙湖自然景观和蒙古族风情为主要特色的旅游区，闻名中外的"中华第一龙"就在这里出土。

巴林左旗：地处内蒙古自治区赤峰市北部，大兴安岭山脉向西南延伸处，西辽河支流乌尔吉伦河中上游地段，内蒙古高原向东北平原的过渡地带上。是"富河文化"的发祥地，文物古迹繁多。

达来诺尔国家级自然保护区：位于内蒙古自治区克什克腾旗境内，主要保护对象为丹顶鹤、大鸨等珍稀鸟类及内陆湿地生态系统。

赛罕乌拉自然保护区：位于内蒙古赤峰市巴林右旗北部，是一个以保护森林、草原、湿地等多样生态系统和珍稀濒危野生动植物及西辽河上游水原涵养林为主的山地综合性自然保护区。

贡格尔草原：贡格尔草原位于赤峰市克什克腾旗东北部，景区由巴彦教包红皮云杉景观、达里湖构成。

呼很淖：蒙古语，意为"姑娘湖"，地处浑达克沙地南缘和大兴安岭余脉的西坡，湖以其自然景观美而著称。

成吉思宝格都山（成吉思汗圣山）：位于内蒙古阿巴嘎旗政府所在地巴彦查干镇西北方向。该山系火山玄武岩地质结构，形成于上新世第三纪。

天苍草原

——锡林郭勒

锡林郭勒盟所辖区域——
　辖2个县级市、1个县、9个旗，
盟公署驻锡林浩特市
◎二连浩特市（乌兰街道）
◎锡林浩特市（希日塔拉街道）
◎阿巴嘎旗（别力古台镇）
◎苏尼特左旗（满都拉图镇）
◎苏尼特右旗（赛汉塔拉镇）
◎东乌珠穆沁旗（乌里雅斯太镇）
◎西乌珠穆沁旗（巴拉嘎尔高勒镇）
◎太仆寺旗（宝昌镇）
◎镶黄旗（新宝拉格镇）
◎正镶白旗（明安图镇）
◎正蓝旗（上都镇）
◎多伦县（多伦淖尔镇）

锡林郭勒盟
XILINGUOLEMENG

"锡林郭勒"系蒙古语，意为"丘陵地带的河"。因清初会盟于锡林河北而得名，简称"锡盟"。历史上的锡林郭勒大草原由五个部落组成，由东向西分别为乌珠穆沁、浩济特、阿巴哈纳尔、阿巴嘎和苏尼特，草原也就由这样的部落名称而命名了。在今天的乌珠穆沁草原上就有东、西乌珠穆沁两旗，它们都属于历史上的乌珠穆沁部落，今天被人简称为东乌珠和西乌珠。

锡林郭勒草原有最蓝的天、最白的云、最清的风和最绿的草，这里是心灵的净土、回归的家园。高原湖泊、草原大漠、白云碧水、绿草蓝天、雨后彩虹、林木山花、河流清涧、冷月繁星，天堂草原，四季变幻。到锡林郭勒来，这里有纯朴的牧人、原始的风情和悠扬的牧歌，和着朝霞晚霞洒满天边。

二连浩特

ERLIANHAOTE

二连浩特地处内蒙古高原中部，周围是二连盆地，海拔910~1000米（市区964.8米），二连浩特是蒙古语汉语译音，"二连"原音"额仁"，系沿用市郊"额仁达布散淖尔"（现译二连盐池）之名，"额仁"是牧人对荒漠戈壁景色的一种描述。

远在清嘉庆二十五年，二连盐池西北坡已有一个称为"伊林"的驿站。同治年间，有内地商贾带领盐工来此捞盐，贩卖。民国初期，这里设有电报局，办理库伦（今蒙古国乌兰巴托）到张家口一线的无线电报和有线电话业务。当时出版的地图上，亦将盐池标入，地名"二连"。1918年4月，张家口旅蒙商人景学钤等人创办"大成张库汽车公司"，开通张家口至库伦汽车运输，二连盐池成为这条运输线上的站点之一，站名"滂北"。直至1943年，这条运输线因战乱而停止，滂北小站也随之湮没。

二连浩特是中国与蒙古国接壤的唯一铁路口岸，是我国北疆重镇，北与蒙古国扎门乌德市隔界相望，是北部边疆最大的口岸。集二铁路是直通蒙古国、俄罗斯的重要干线，也是亚欧大陆最捷径的路线，是连接亚欧的重要桥头堡。二连浩特的城市规模不大，旅游景点主要为国门、恐龙墓地和市门。

二连浩特是蜚声中外的"恐龙之乡"。二连盆地埋藏着丰富的恐龙等脊椎动物的化石，是亚洲最早发现恐龙化石的地区之一，且化石品种繁多，可研究价值极高。于1998年设立查干诺尔恐龙化石自然保护区，建立了博物馆，已接待数万名游客，"恐龙之乡"已成为二连浩特城市的名片，成为该市历史、文化的组成部分。

二连浩特新国门

ERLIANHAOTE XINGUOMEN

新国门矗立在距国境线将近 100 米处，门楣上嵌有"中华人民共和国"七个鲜红大字。二连浩特口岸新国门于 2010 年 8 月 6 日正式落成并投入使用。

门厅及储藏间；二层和四层为办公室和警卫室，三层为瞭望室。登临者凭栏远眺，向北可见具有俄罗斯建筑风格的蒙古国边城扎门乌德市富有民族特色的景观；

建成于 1984 年的二连浩特口岸旧国门于同年 6 月份完成历史使命。二连浩特新国门是目前世界陆路口岸最大的国门之一。整个建筑分为四层，一层为陈列馆、

向东西极目远眺有一望无垠的大草原；向南俯瞰，则可将北疆明珠——中国边城二连浩特市美景尽收眼底。

威武雄壮的二连浩特新国门是祖国

形象的象征，已成为广大中外游客观光旅游的新亮点，国内各地青少年接受爱国主义教育的基地。每年都有大批学校师生、党员、团员及群众性组织来这里开展各式各样的爱国主义教育。驻守在国门的二连边检站官兵，为国忠诚戍边，优质服务旅客，以威武文明之师迎接八方来客，展示着二连口岸繁荣和谐的新形象。凡是到二连浩特来的游客几乎都要到界碑前拍张照片留做纪念。

中蒙边境的815、816界碑，是根据2002年中蒙边界第二次联检委员专家组第一次会谈会晤决定，由原来的357同号双立界碑原位更换的，并将原来的混凝土碑体更换为现在的花岗岩碑体，这是中蒙边境线上独一无二的同号双立双面界碑。碑体面对我国境内一面镶有中华人民共和国国徽和"中国"字样，下面刻有界碑的编号和年份；面对蒙古国的是蒙古国国徽、国名缩写及界碑编号和年份。界碑旁依闻名遐迩的"欧亚大陆桥"——中蒙宽轨铁路线，是连接首都北京、乌兰巴托、莫斯科的陆路交通大动脉，是我国通往蒙古国唯一的铁路干线。

锡林浩特

XILINHAOTE

    位于锡林郭勒草原中部。东邻锡盟西乌珠穆沁旗，西依阿巴嘎旗，南与正蓝旗相连，东南与赤峰市克什克腾旗接壤，北同东乌珠穆沁旗为邻。现锡林浩特市由新中国成立前的阿巴哈纳尔左翼旗、阿巴嘎左翼旗和浩齐特右旗几经分合而形成的，有草原明珠之称。

    锡林浩特市是一个离天空很近的地方。站在贝子庙广场的最高处仰起头，就可以看见一片云慢慢悠悠飘过头顶。

    锡林浩特马路不是很宽，但不拥挤。锡林浩特的草原很美。美在那些从远处看光滑平整、线条柔和、颜色鲜艳的草坡，完全就是电脑屏保真实版，所谓："有图，有真相！"锡林浩特是个让人觉得生活其实可以很简单的地方。

锡林郭勒元上都遗址
XILINGUOLE YUANSHANGDU YIZHI

元上都位于锡林郭勒盟正蓝旗政府所在地上都镇东北约 20 公里处的闪电河北岸冲积平原上，这里是正蓝旗与多伦县之间的金莲川草原，它是由元世祖忽必烈亲自选址创建的草原都城，被认定是中原农耕文化与草原游牧文化奇妙结合的产物，史学家称誉它可与意大利的庞贝古城相媲美。2012 年被列入《世界遗产名录》。

元上都建成初始，曾盛极一时。随着元朝势力的日渐强盛和扩大，最初的政治军事中心哈尔和林开始南迁至此，最终移都于北京，成为元大都，它见证了元王朝的兴盛历史。元末被农民起义的红巾军在一场战役中烧毁，它又亲历了改朝换代的风风雨雨。元上都最辉煌的时期有整整 100 年，百年的元上都，百年的元朝史。

我国历史上的元王朝曾是横跨欧亚

的强大帝国，征服 40 国，拥有三千万平方公里疆域，在人类历史上曾产生过广泛而深远的影响。而作为其皇城的元上都，其规模之大、建筑之恢宏就可想而知了。全城由宫城、皇城、和外城三重城组成。周长约 9 公里，东西 2050 米，南北 2115 米，宫城墙角用砖包砌，四角有楼，内有水晶殿、鸿禧殿、穆清阁、大安阁等殿阁亭榭，将河水引入城内有池沼。皇城环卫宫城四周，城墙用石块包镶，道路整齐，井然有序，南半部为官署、府邸所在区域，东北和西北隅建有乾元寺和龙光华严寺。外城全用土筑。在皇城西北面，北部为皇帝观赏的御苑，南部为官署、寺观和作坊所在地区。城外东、西、南三处关厢地带，为市肆、民居、仓廪所在。只是今天我们所看到的元上都已远非从前，见到的都是残存的城墙、依稀可辨的城门和城内建筑毁坏后形成的高低不平的丘阜，就连许多的遗迹也随着时间的流逝而消失殆尽了，只有那草原上的金莲花还年复一年地开在那萋萋荒草之中。

天苍苍—锡林郭勒

阿巴嘎旗
ABAGAQI

位于内蒙古自治区锡林郭勒盟中北部，东邻东乌珠穆沁旗、锡林浩特市，西邻苏尼特左旗，南与正蓝旗相连，北与蒙古国接壤。

神奇的自然景观和文化古迹遍布全旗境内，传统的民族文化、古朴的民族风情、迷人的草原风光，都会令人心旷神怡，流连忘返。

全旗境内风景秀丽，景致怡人，主要有美丽的乌里雅斯台，名扬区内外的佛教圣地彦都庙，全区四大淡水湖之一的呼尔查干淖尔，独具特色的明图布山"通天穿石路"，70多眼泉水汇流的达楞图如河源头；古迹有"金界壕"遗址，突厥石人墓碑，隋唐时期古墓群等，特别是新发现的成吉思宝格都山，可堪称为世界奇观，极为神奇而壮观。

多伦
DUOLUN

在锡林郭勒大草原的东南端，阴山北麓东端，有一块水淖棋布、河流纵横的土地，这便是内蒙古锡林郭勒盟的多伦县，蒙古语的名字叫"多伦淖尔"，意为"七个湖泊"。

实际上在如今的多伦县境内，有大小湖泊60多个，常年性河流40多条，川源平衍，水泉清溢。宁静秀美的湖泊，激流澎湃的河流，再加上神秘莫测的森林和浩瀚无边的沙地，形成了多伦县多姿多彩的高原地貌和易于居住生态环境。远古时期的多伦曾是火山活动频繁的地带，在多伦地貌的卫星遥感图像上，以多伦县为中心，有一环形影像，被称为"多伦环"，其直径达80余公里，十分完整清晰，美丽而神秘。有人说是陨石坑，有人说是火山地质运动痕迹，还有人说是外星人的杰作，不一而足。

多伦县城不大，但在历史上的多伦

古城却是旅蒙商人聚集的"漠南商埠"，还是兵家必争的"塞外重镇"，更是令人惊叹的"蒙地佛国"。距离多伦县城东不远就是著名的西山湾风景区，它得益于这里修建的滦河水库。夏日里西山湾旖旎的风光和自由自在的滦河漂流，令人心旷神怡。

多伦，一个谜一样的塞外古镇，一段谜一样的黯然没落。

西山湾

XISHANWAN

天苍苍野茫茫——锡林郭勒

位于多伦县城东不到 20 公里处的一条东西走向的山谷之间，自然风光旖旎、水色波光潋滟、峡谷峰峦叠翠、湖面烟波浩渺，是每一个来多伦的外地人都首选的绝美去处。

立于观景亭上俯视，能看到一汪碧蓝的湖面上两岸青山对影而出，蓝天白云相映成辉。山脚下的水域边有一片洁白的沙滩，湖面如镜，水波不兴，偶尔一只汽艇从水面上划过，剪出一条长长的涟漪，酷似一幅山水泼墨，美轮美奂。

西山湾也叫滦河水库，当年建设引滦入津工程在此峡谷东端的入口处筑起一道大坝，把这条峡谷中的众多湖泊连成一片，也就有了藏匿在深山峡谷之中的这泓碧水。据当地人讲，真正的滦河源头其实是在多伦，而在赤峰乌兰布统草原与承德坝上草原交汇处的吐力根河，只不过是滦河源头的一条小小的支流而已。

多伦的山西会馆
DUOLUN DE SHANXIHUGUAN

多伦有一个山西会馆，与汇宗寺均在多伦的老城区，二者相距并不太远。多伦会盟时，康熙批准了蒙古王公关于蒙汉通商的请求，当时京城著名的八大商号、人口近 20 万的塞外商业之都。其中以山西商户最多，仅正式注册的就有 1000 多家，可见当时的多伦是何等的繁华与兴隆。山西会馆就是由在多伦经商

商号纷纷到多伦开办分号，很快带动了多伦的商业。由于蒙汉贸易利润丰厚，其他地区的商人也趋之若鹜，使得多伦很快就成了享誉中外的"漠南商埠"。至乾隆年间，多伦已成为拥有 4000 多家的山西人合资建成，意在供奉一方神灵，求其祥兆，同时也供同乡人商务活动、沟通乡情和为初来乍到的乡友提供落脚之处。据当地人说，当年会馆正殿大门口设有跪拜关老爷的地方，精明的山西

商人在此设计有一枚直径达一米五左右的铜钱，来人屈身一拜，正好"掉进了钱眼里"，可谓是独具匠心。只是可惜在"文化大革命"中那枚硕大的铜钱已不知去向。好在会馆的戏楼还在，会馆墙壁上的三国故事彩画还鲜丽如初。

而今山西会馆大多的建筑都已破败，但会馆内最具特色的戏楼还保存的尚好。戏楼坐南朝北，正中悬挂有雕刻鎏金花边的长方形匾额，上书"水镜台"字样，是康熙年间的书法大家山西人傅山所作。戏台呈"凸"字形，台前两根粗大的大红明柱支撑着戏楼的前半部分，楼顶四角的飞檐斜刺蓝天。戏台前的戏场为露天，中间地带供男性坐，女性只能在外围观赏。作为当年的音响设备，台前两端埋有两口大缸，在会馆最北面的大殿处都能听到唱戏，而在相反的方向却无一丝声响。看似不大的戏场，却能容纳上万的观众。

当年爱国将领吉鸿昌将军曾率察哈尔抗日盟军与日军激战，一举攻克多伦后，就在这大戏楼处召集万人大会，宣传抗日主张，如今就在这大戏楼的一侧塑有一尊吉鸿昌将军的全身塑像供人们瞻仰。

在会馆的中轴线上，建有一排排的各式殿宇楼阁建筑，其前后的中门就洞穿这中轴线依次纵深而去，像是洞开在今人面前的历史通道，诉说着曾经的悠悠往事。很难想象数百年前的多伦是何等的繁荣，不大的古镇数十万人肯定是摩肩接踵，眼前这山西会馆内也曾经是商贾汇集、车水马龙。如今这曾经热闹非凡的院落却是十分的空寂了，令人不免陡升万端的感慨。

08

天苍苍野茫茫——锡林郭勒

汇宗寺

HUIZONGSI

　　当年康熙皇帝在乌兰布统打败噶尔丹后，于次年赶赴多伦召集南北蒙古各部举行会盟，为答应蒙古贵族"愿建寺亲自过问，甚至在寺庙建成之后的岁月中，康熙"或间岁一巡，诸部常于此会同述职"。由此不难想象，一个王朝君

以彰盛典"的请求，也是为了纪念多伦会盟这一重大历史事件，康熙亲敕在多伦建了喇嘛庙，取《尚书》"万源之水汇于一宗"之意敕名"汇宗寺"，由此可见康熙的良苦用心之所在。作为内蒙古藏传佛教的中心，当时的汇宗寺与布达拉宫、扎什伦布寺是相提并论的。

　　据说，这座汇宗寺从其敕建到佛供布置以及到选派喇嘛等事宜，康熙都是主敕建的庙宇在当年是何等的辉煌与华美。实际上，当年的汇宗寺仅其主建筑就占地近300亩，而在其周遭又有大小100多处当子房，难怪当年有一个俄国的旅行家来此时曾被惊的目瞪口呆。如今这个华美富丽、神奇威赫的蒙地佛国只剩下了一个小小的角落了，历史的沧桑让其"紧缩"的远不及其门前广场的一小半大。

玄石坡、立马峰

XUANSHIPO LIMAFENG

位于苏尼特左旗东部，距旗所在地满都拉图镇东15公里，贝勒镇境内。为明成祖朱棣于永乐元年（1403）北伐祭天祀祖时所留，有"玄石坡"、"立马峰"等遗迹。在一块长450厘米、高400厘米的卧牛形花岗石上刻有"玄石坡"三字，苍劲有力。距此9米处还有一块长380厘米、高190厘米的花岗岩，上刻有"立马峰"三字，相传为明成祖拴马之处，旁边现有四个直径15厘米的马蹄印，便是其战马所留。因此"玄石坡"又名"马蹄山"。

"玄石坡"东侧12米处有一块巨石，石头上刻有"永乐八年四月初七，大明皇帝六千兵马，由此路过"的字样。

"明国真记"里曾提过"玄石坡"，

说"玄石坡"上所记的文字都是明朝的朱棣几次北征攻打蒙古部落的情形，1368年以后，元朝的皇帝虽说是放弃了对中原的统治，但是，在一定程度上还是威胁明朝对中原的控制，所以洪武，永乐时期大量的兵马屡次北征。

仅在永乐（1403—1424）的21年间，就6次进军蒙古。明成祖朱棣亲自带兵5次出征。1403年朱棣继位后改年号为"永乐"，永乐七年即1409年，明大臣齐国公——丘富奉旨率1000多名骑兵进入蒙古，8月在鲁渠（曲）河（现蒙古国克鲁伦河）南岸与阿如克太交战，明军大败，丘富等人战死。次年即1410年2月，明成祖朱棣亲自率50万大军北征，再次攻打蒙古国部落。3月的一天，明军到达清水源，本想在此驻兵扎营，但此处河水咸，人畜无法饮用，无奈，第二天明军继续向西北行进了大概两里路时，发现一眼清泉，泉水清爽可口，于是明成祖称之为"神应泉"，明军在此驻扎了一段时间。4月，明军到达了一个名为长清

溪的地方，夜晚发现北斗星在他们驻地的南方，这才知道已经向北走了很远。5月，明军到达了克鲁伦河畔。这时，蒙古的乌力吉特木尔汗与阿如克太之间发生分歧，乌力吉特木尔汗已迁至敖力吉河，阿如克太东迁至呼伦淖尔。听到这个消息后，于是明成祖率精兵追打乌力吉特牧尔，追到敖嫩江边后返程。6月又沿兴安岭东麓攻打阿如克太，仍未追到，于是明军只好撤兵。明成祖在返程途中，在清好山和清柳泉边分别留下碑照，记下了这次的征战，于7月4日到京城。以后，明成祖又4次北征，明成祖在位前后5次率兵攻打蒙古部落，最后一次是在1424年7月。明成祖朱棣在经过榆木泉（现在东乌珠穆沁东南）时患病不久驾崩。

锅盔山

GUOKUISHAN

在锡林浩特西南的地方有一座奇特的山。这座山形似一口到扣过来的铁锅，四周还均匀地分布着四座形状相似的小山。当地牧民们都称这座山为"陶高乌拉"，意为锅盔山。每当雨过天晴，绿草挂满水珠儿，阳光透过残云，草香芬芳时，彩虹出现在这座山上给观赏者蒙上一层"海市蜃楼"般的感觉。

据当地牧民传说，锅盔山底下是山泉，泉水非常甘甜，成吉思汗有八匹宝马每天都来饮，成吉思汗无论走到哪里，这几匹宝马都跑回来饮此泉水，一次成吉思汗到很远的地方去打仗，这几匹宝马又跑去喝泉水，耽误了战机，成吉思汗盛怒之下命令将泉水边的一口大锅翻了过来将泉水扣住，不让马再饮这里的泉水，后来这只锅变成了山。在山不远处，还有支锅的支架，现在远远望去，清晰可见。

锡林郭勒古长城遗址

XILINGUOLE GUCHANGCHENG YIZHI

分布在锡林郭勒盟南部山地，在地势险要的地方弯曲延伸，多以土石垒筑，设有关、隘、要道。燕长城分布在多伦县、西乌珠穆沁旗和阿巴嘎旗境内，逶迤数千里，在辽阔的草原上延伸。以上建筑，目前仅遗留一条高大的土垅。

西乌珠穆沁

XIWUZHUMUQIN

　　小城不大，城镇人口仅有2万，小镇的建筑却非常的现代，一条宽敞笔直的街道穿城而过。街道上不见内地城市的那种喧嚣和嘈杂，在夕阳辉光的笼罩下，青蓝的天幕、洁净的云朵、整齐的楼房、徐徐的晚风，这草原深处的小城，素净而清幽。

　　"乌珠穆沁"系蒙古语，意为"葡萄山人"。这事要追溯到13世纪初，当时有生活在新疆北部境外属阿尔泰山脉的乌珠穆沁查干莎拉等地的维特拉人，每逢金秋时节，他们总要采集野生葡萄酿酒以庆丰收。明代时，这些漠北蒙古族部落之间发生纷争，其中有部落被迫南迁漠南，他们看中了大兴安岭以西、宝格达山以南这片水草丰美的草场，随即便在此驻牧了下来，沿用维特拉人一支小部落的名字，把此地定名为"乌珠穆沁"，号称"乌珠穆沁部"。这就是现代乌珠穆沁草原名称的由来。乌珠穆沁草原目前是内蒙古保存最完好的天然草原，牧草非常茂盛，是典型的"天苍苍，野茫茫，风吹草低见牛羊"的地方，这样的草原风光在内蒙古其他地方，已经很难见到了。因此，乌珠穆沁草原被人们喻为"内蒙古最后的天然草原"。有着如此源远流长的历史和如此独特的草原风貌，乌珠穆沁草原，当然有它不同寻常的神奇了。

东乌珠穆沁
DONGWUZHUMUQIN

　　位于锡林郭勒盟的最北端的中蒙边境，东乌珠穆沁旗首府所在地为乌里雅斯太镇，一个位于乌珠穆沁草原深处的边陲小城，小城北面不远就是草原神山乌里雅斯太山，那里是乌里雅斯太山景区，在那里可以聆听神山下的蒙古长调，遥远苍凉，悲怆四溢。在乌里雅斯太镇西北约 70 公里处，有东乌珠穆沁旗的珠恩嘎达布其镇，那里有一座通往蒙古国的口岸，口岸的名字就是以小镇的名字命名的。

乌里雅斯太

东乌珠穆沁旗所在地乌里雅斯太镇，得名于镇北面的乌里雅斯太山。"乌里雅斯太"，蒙古语意为"生长杨树的地方"。实际上这里的杨树并不多，可是要知道，在茫茫的大草原上，看到一棵杨树也是不容易的，以至于这里的先民们因为有几株杨树而起名为"乌里雅斯太"。乌里雅斯太山自20世纪90年代开发旅游以来，就成了乌珠穆沁草原上一道亮丽的风景线。它位于乌里雅斯太镇西北约10公里处，北依中蒙边境口岸珠恩嘎达布其镇，在一马平川的大草原上平地突兀而起，山势雄伟，远看状若卧龙，与无垠的草原融为一体。

乌珠穆沁草原上的神山
WUZHUMUQIN CAOYUANSHANGDE SHENSHAN

传说当年成吉思汗为蒙古统一大业，与当时蒙古草原上最强大的脱里罕克烈部曾展开过殊死的激战，两军一直酣战至日暮，不分胜负。随后他们达成协议，各自撤离，成吉思汗率部西撤至乌里雅斯太山之南。次日早上，他看到万道霞光中的乌里雅斯太山通体散发着金光，似乎有神的旨意在召唤他。成吉思汗不由地惊叹着这一块吉祥的土地，顿时增添了必胜的信心。日后终于在"合兰真沙陀之战"中彻底消灭了脱里罕。由此，乌里雅斯太山便有了"神山"之说，并一直受到当地牧民的敬重。实际上，远在隋唐时期，乌里雅斯太山就被人敬重了，在山上，至今还有保存完好的那个时期突厥部落所立下的沙麦石人雕像。

金莲川草原

JINLIANCHUAN CAOYUAN

地处正蓝旗闪电河沿岸，川中长满金莲花，花色金黄，七瓣环绕其心，一茎数朵，六月盛开，一望遍地，金色灿然，因此此地取名为"金莲川"。辽代为桓州辖地，是辽朝皇帝和契丹达官贵族们的游猎避暑之地。金朝历代皇帝也把这里作为夏"捺钵"的避暑胜地。金莲川又为蒙古王室成员避暑狩猎行宫。忽必烈还以此为创业根据地，招募天下名士，组成了文武兼备的政治集团，此即历史上著名的"金莲川幕府"。金莲川赏花的最佳时间为夏季。

宝德尔朝鲁天然石雕群

BAODEERCHAOLU TIANRANSHIDIAOQUN

位于达来苏木境内，天然石雕群呈东南至西北走向，长8.4公里，宽5公里，占地42平方公里。

古人云"泰山岩岩"，意思是说：积石貌美。的确这样，宝德尔朝鲁石林就给你这种感觉。这连成一片千姿百态的石林，有的像哲人深思，有的像眉目传情，有的像奇花盛开，有的像迎客青松，有的像雄鹰栖息、有的像骏马奔腾……波澜壮阔，栩栩如生。

日出后的草原，千里通明，平平展展，如同风平浪静的海。这时远看那条条林立的石柱，线条清晰无比，姿态庄严肃静，像为那千古以来为民献身的人杰致敬礼，更像在为苍天、大地、江河、山川守候。落日下的黄昏，奇丽的千里牧场金碧辉煌，再远看那条条林立的石柱，线条虽不很清晰，但在夕阳余晖的照射下，显得富丽、堂皇、千姿百媚……

宝德尔朝鲁天然石雕群除石头的雄伟壮观、千姿百态、神奇俏丽外，草原景色亦十分迷人，野生动物种类繁多，不时会看到成群的黄羊在草原上奔跑。更为吸引人的是这里发现的宝德尔朝鲁岩画群，古人留下的线条简洁明了、形态各异的各种岩画及文字，证明了很早的时期这里就有人类活动。在岩画的周围还有六个泉眼，一条潺潺不息的小溪，到冬天雾气迷漫仍然流水，十分奇特。

金代界壕

当你到霍林河旅游或避暑，漫步在空气清新的草原上，会发现一条"土龙"沿霍林河谷，从东北群山中蜿蜒而来，横穿矿区，奔向西南，进入锡林郭勒盟境内，这就是历史上有名的"金界壕"，俗称"成吉思汗边墙"。由于在壕内堆土为长堤，在长堤上加筑马面，沿界壕内侧每隔一定距离兴筑有边堡，并在重要交通路口兴筑关隘，所以又通称为"界壕边堡"。

1125年，女真族灭辽败宋，在今黑龙江省阿城县白城子（金上京）建立了一个与南宋、西夏三分鼎立的金政权。这个政权建立不久，以蒙古族为首的北方游牧民族便开始骚扰和进攻金政权，为了稳固自己的统治，抵御其他部族的入侵，从天眷元年（1138）之前就开始修建界壕，整个工程断断续续一直到承安三年（1198）。这六十多年间，金朝几位统治者都把修建界壕当作头等大事来抓，整年工程耗资之大，动用人力之多在历史上也是屈指可数的。

金界壕东起莫力达瓦旗嫩江西岸，过大兴安岭和蒙古草原，又穿越阴山山脉，止于河套黄河北岸，总长近万里。它像一条巨大的卧龙，时而藏身于崇山峻岭之中，时而昂首于苍茫的原野之上，起伏游动，奔腾跳跃，逶迤蜿蜒，气势磅礴。金界壕并非一线贯通而为三道防线，第一道防线在俄罗斯和蒙古国境内为岭北线，第二道在霍林郭勒市为北线，第三道在扎鲁特旗境内为南线。

在扎鲁特旗境内的金界壕约110公里，由沟和壕组成。掘壕取土在内侧筑墙，壕深加墙高达4米左右。墙体上筑有马面，高出墙身，伸出墙外，可使士兵居高临下进行攻击。为加强防御，每隔10多公里修建边堡一座，以便屯兵驻守。这条我国最北的规模宏大的长城遗址的发现，是金代考古史上一次重大发现，它为研究金代的社会历史特别是金代的军事史提供了重要资料，意义十分重大。已被列入全国重点文物保护单位。

天堂草原——扎林郭勒

锡林郭勒盟旅行推荐——

金四郎城古城遗址：位于锡林郭勒盟正蓝旗敦达浩特北两公里处。城址为乌桓游牧故地，故命名为桓州城。始建

于金代。

乌里雅斯太山景区：位于东乌珠穆沁旗乌里亚斯太镇西北，北依口岸珠恩嘎达布镇，是东乌草原上一道亮丽的风景线。

厥石人：在东乌珠穆沁旗、西乌珠穆沁旗、阿巴嘎旗、正蓝旗和多伦县境内，多数为墓前殉葬品，经考证，石人是突厥人留下的遗迹。

洪格尔岩画群：位于锡林郭勒盟苏尼特左旗境内洪格尔苏木，靠近中蒙边境线的一片荒漠之中。是锡林郭勒盟境内的古岩画群中最有代表性的岩画群。

成吉思汗文化广场：位于锡林郭勒盟锡林浩特市东南，卓兰山南麓。

查干敖包庙：位于锡林郭勒盟苏尼特左旗（满都拉图镇）查干敖包苏木西北部，现存"福佑寺"殿和西廊厢房等建筑，与喇嘛庙一墙之隔的是我军边防军营。

百岔川岩画：位于百岔河中下游两岸的岩石上，题材多样，内容丰富，涉及生产生活、族徽、宗教、祭祀、天体星云、人面图、图腾崇拜等诸多方面。

清凉山水　避暑胜地

——乌兰察布

乌兰察布市所辖区域——

　　辖1个市辖区、5个县、4个旗，代管1个县级市，市政府驻集宁区

◎集宁区（新体路街道）

◎丰镇市（北城区街道）

◎卓资县（卓资山镇）

◎化德县（长顺镇）

◎商都县（七台镇）

◎兴和县（城关镇）

◎凉城县（岱海镇）

◎察哈尔右翼前旗（土贵乌拉镇）

◎察哈尔右翼中旗（科布尔镇）

◎察哈尔右翼后旗（白音察干镇）

四子王旗（乌兰花镇）

乌兰察布

WULANCHABU

位于内蒙古中部，南部与山西接壤，古城丰镇就位于它的最南端，北部是中蒙边境，南北纵贯蒙古高原。

乌兰察布市，一个位于阴山脚下的塞外小城。从集宁向北翻上阴山，就来到了素有"蓝色的蒙古高原"之称的灰腾梁，从这里能看到广袤的乌兰察布大草原的壮美景色，在这灰腾梁上有一处高原花甸，先后会有有100多种山花，每年夏季它们便开成了一片花的盛宴，它们是开在天堂里的花儿。夏日的灰腾梁凉爽宜人，夜里更是令人心旷神怡，那是铺满鲜花的草原之夜，而晨曦中的辉腾锡勒则更加迷人。

灰腾梁
HUITENGLIANG

　　灰腾梁是辉腾锡勒的俗称，辉腾锡勒草原是世界上少有的典型高山草甸草原，它是乌兰察布草原的一部分，位于乌兰察布盟察哈尔右翼中旗境内，与同属于乌兰察布草原的四子王旗境内的格根塔拉草原毗连。"辉腾锡勒"，蒙古语意为"寒冷的高原"，由于它地处蒙古高原的风口地带，一年四季朔风劲吹，使得它冬季寒冷、夏季凉爽。所以，每逢夏季，在呼和浩特附近，最红火的旅游区莫过于辉腾锡勒草原了。

　　那里最著名的景区当属"九十九泉旅游度假村"和塞外名川黄花沟。流连在那些海子边上，能看到水上水下，那草原美丽的景色相对而生，天蓝水蓝，云白水白，草绿水绿，花红水红。有时头顶忽然飘来一片云遮住了太阳的光线，

清凉山水　避暑胜地——乌兰察布

霎时间周遭明明暗暗，再看清澈的湖水中，那片云就生发在自己的脚边。一时间恍然感觉，人就漂浮在这天与地之间，云深不知处。

风车下的灰腾梁

历史上的灰腾梁，曾是许多游牧民族踞此争雄的地方。当年就有敕勒人赶着高轮大车，从遥远的贝加尔湖迁徙而来，在此留下了"敕勒川，阴山下，天

见了踪影。但眼前所看到的这连绵草色，仍能让人感受到它当年的那种雄浑与苍茫，特别是竖立在这高山草甸上的一排排高大的风机，不禁令人觉得这是另一种意义上的敕勒川。

灰腾梁是我国风能资源最为丰富的地区之一，这里靠近蒙古高气压中心，常年多风少雨，又是一个风口，平均的风力常在七八级左右，非常适合建设风力发电厂。自20世纪90年代中期内蒙古风电公司在此安装首批风机始，如今

似穹庐，笼盖四野。天苍苍，野茫茫，风吹草低见牛羊"的千古绝唱。如今千百年已过，歌中的"敕勒川"早已不

在这空旷的高原上，已有上千座大型的风力发电机组成矩阵式地聚集在一起迎风旋转，成为亚洲最大的风电厂。车子

行驶在广袤的草原上，透过车窗远远望去，一排排、一列列的风机如少女般素洁挺拔、比肩而立。而当你站立在一座风机下的时候，机身伫立，叶片转动像是飞机的隆隆声，给人的又是一种雄浑阳刚的感觉。举首仰望，蓝天白云之下，机身高大耸立云霄，巨大的叶片翻动着云天。

黄花沟
HUANGHUAGOU

辉腾锡勒的黄花沟具有独特的地形地貌和秀美的自然风光，乘缆车下至沟底，两岸的悬崖峭壁随沟势蜿蜒而去，涓涓的清泉不时地会从两岸崖壁的石缝间奔突而下，在沟底汇聚成一条潺潺的溪流奔流而去。溪流两边较为平坦的沟壑间绿草伴着黄花，崖壁石缝间生长着丛丛的灌木和一两棵具有顽强生命力的树木。逶迤蜿蜒的深壑沟谷里依然是绿意葱葱、生机一片。时有斑斓的彩蝶从金灿灿的黄花丛中飞起，伴着溪流的朵朵浪花翩翩起舞，那些类似蜻蜓似的小小飞虫纷纷做着蜻蜓点水状地追逐着流淌的溪流，丝毫不见疲倦。两岸崖壁上的灌木绿树丛中偶有一两声不知名的鸟鸣传来，弹动着一川静谧幽深的旋律。蓝天白云倒影在水中，头顶一线天，脚下也是一线天。奇石绿树、夏风轻阳、黄花彩蝶、溪流鸟鸣、沟壑蓝天、青草白云，构成了黄花沟一幅绚丽多姿的画卷，也弹动着这塞外名川亘古不变的韵弦。

乌兰察布盟旅行推荐——

苏木山：坐落在兴和县大南山深处的苏木山旅游区，以其险峻的山势，茂密的森林，纷呈的花卉以及浓郁的民族风情吸引着越来越多的贪享自然之美的旅行者。

格根塔拉：位于乌兰察布草原深处，这里每年定期举行一次隆重的大型庙会，每月一次小型庙会和一年一次的祭敖包活动，在祭敖包活动中，可见到蒙古族

代的文化遗址。该遗址由王墓山、老虎山、园子沟等三处典型遗址组成。

九龙湾：位于卓资县西北部，在旗下营镇和红如乡境内，因其自然形态宛如九条龙横卧在大青山间而得名。

庙子沟遗址：位于内蒙古自治区乌兰察布盟察右前旗新风乡，是新石器时代的遗址，是目前内蒙古中南部地区发掘面积最大、遗迹保存最完整、出土遗物最为丰富的遗址。

察哈尔右翼前旗：察哈尔右翼前旗

传统的摔跤、骑马、射箭等精彩竞赛。

凉城岱海：位于乌兰察布市南部，在呼和浩特、大同、集宁三市环绕的三角中心，山明水秀，风景极佳。

岱海遗址群：位于内蒙古自治区乌兰察布市凉城县岱海周围，是新石器时

内曾是辽代的古商道，是古代通商去往波斯湾等西域的必经之地，也称"西经道"，也是契丹文化的发源地之一，庙子沟遗址、黄旗海海滩及黄旗海湿地生态保护区等旅游资源都是有待开发的旅游处女地。

黄旗海：是内蒙古高原中南部干旱地区的一个内陆闭塞湖，湖泊位于京包铁路以东，土贵乌拉镇以北，每年白天鹅、大雁及几十种候鸟途经歇息。

土城子"集宁路"遗址：集宁古城遗址位于巴音塔拉乡土城子村北，该古城属辽、金、元时代的古城，而以元代为最兴盛。

玫瑰营教堂：位于乌兰察布市察哈尔右翼前旗玫瑰营镇。始建于1899年，1927年后中国人自任主教，玫瑰营教堂成为集宁教区的主座教堂。

通古尔恐龙墓地：位于二连浩特东北处，这里就是闻名世界的恐龙化石产地。现在建有恐龙博物馆。

富饶的粮仓

——巴彦淖尔

巴彦淖尔市所辖区域——
　辖1个市辖区、2个县、4个旗，
市政府驻临河区
　临河区（解放街道）
　五原县（隆兴昌镇）
◎磴口县（巴彦高勒镇）
◎乌拉特前旗（乌拉山镇）
◎乌拉特中旗（海流图镇）
◎乌拉特后旗（巴音宝力格镇）
◎杭锦后旗（陕坝镇）

狼山阿贵庙

LANGSHAN AGUIMIAO

　　狼山阿贵庙在磴口县城西南约 90 公里处，因其隐藏在阴山余脉二狼山的一条峡谷之中，所以叫作"狼山阿贵庙"。阿贵庙的位置较为特别，在大山深处三条山沟的的结合处，山谷内悬崖危耸，巨石突兀，少有树木，较多洞穴，从而显得神秘森然。

　　"阿贵"是蒙古语，汉语意思是山洞，在这条峡谷中有数不清的自然洞穴，或隐于曲径山涧，或现于半空绝壁，似一幅古朴神秘的自然画卷。其中有五处洞穴较为有名，被赋予了许多神秘的色彩，并衍生了一些佛教经典故事。最为神秘的要数阿贵庙后绝壁上的莲花洞了。相传早在一千多年前，此地有一个妖魔，伤害生灵，闹得民不聊生，那时候莲花生大士还是个将军，被藏王派来设法降服了妖魔，把妖魔镇压在山洞里，使它永世不得翻身。回到西藏后，莲花生大士皈依佛门，想起阿贵庙这个地方环境优美，少世间烦恼，携妻子等人从西藏通过洪洋洞来这里修行传教。度母洞里的主神其实就是他的两个妻子，洪羊洞里的主神就是他的女儿，胜乐金刚洞和护法洞里的主神就是他的两个部将。

后来莲花生大士在此广收牧家子弟为徒，弘扬佛法，广传教义，千余年来香火不绝，成为一处重要的藏传佛教圣地。史载藏传佛教在蒙古地区盛传只有六七百年的时间，殊不知早在1200年前，阿贵庙就已经开始传教了。

阿贵庙始建于清嘉庆三年（1798），清理藩院授名"宗乘寺"，为阿拉善旗八大寺庙之一，最盛时有喇嘛400多人，新中国成立初尚有喇嘛200多人。当时其下属庙有儿驼庙、固实庙、麻尼图庙、苏布日格庙（红塔寺）等。后被毁。1984开始在原址重建，先后修建了大雄宝殿、白塔、金刚总持殿，莲花洞亭台等建筑。

阿贵庙是内蒙古地区唯一的一座红教寺庙，曾经在西北地区产生很大的影响。红教是藏传佛教密宗的一支，除信守黄教的信条以外，还有其他的规定。比如说用酒、肉、葱三种祀斋供神，修炼到一定程度可以喝酒、吃肉、娶亲等等。

253

阿贵庙的五大洞窟

阿贵洞（莲花洞）：顺大雄宝殿后面的台阶上行108阶，约300米处的峭壁上有一洞穴，洞门仅一米见方，洞内约200平方米，高约三至五米，顶部状若莲花，正中供主神莲花生大士塑像。红教喇嘛们设坛、供养、颂咒、灌顶就在这里举行。洞内门边上有一巨型石柱，游人香客绕行抚摸祈福，千百年来，使得石柱表面光滑晶莹，呈现玉质。据说此洞即是莲花生大士当年修行的地方，洞门内外留有大士的手印和行走的脚印。你若来此地旅游，会真的在洞门内看到三个类似人拳头的印痕，大于常人握拳约两倍，造型很像是握拳在橡皮泥上深深地杵了一下，痕迹非常明显。洞外门口的石壁上，有数个石窝，恰似人的脚印攀岩而上。

扎噶日生布窟（胜乐金刚洞）：在阿贵庙的右侧，主神胜乐金刚，其像为双尊，胜乐金刚裸体拥抱明妃金刚亥母。此像人们常视为欢喜佛。

达日额柯窟（公主洞）：在阿贵庙下峡谷南边的峭壁上，主神双尊，藏传佛教女神，是观音菩萨化身。洞内有白救度佛母和绿救度佛母塑像，据说是藏王松赞干布所娶的两位公主，分别是尼泊尔国王的犀尊公主和唐太宗的文成公主。

额尔登珠窟（洪洋洞）：在阿贵庙下峡谷东边的峭壁上，主神迦楼罗，天龙八部之一，是守护佛教的第六天神金翅鸟。传说此洞深邃幽长，曲折盘桓，可潜至西藏。据当地游客讲，传说曾有人带了干粮入洞探秘，半月后食物耗尽出来，称仍不到头。关于此洞的传说较多，据说杨家将故事中的杨业存尸、焦赞焚山、孟良盗骨等故事都发生在这里。

桑布嘎日布窟（护法神洞）：主神为护法神，即迦南神。

鸡鹿塞遗址

JILUSA YIZHI

位于磴口县沙金套海苏木巴音乌拉嘎查以北，哈日格乃山口西的台地上，和烽燧共同组成了汉王朝西北边陲的军事要冲。

5米高的城墙，着实有"一夫当关、万夫莫开"的气势。据说王昭君出塞时曾经下榻于此。沿着山隘口左右两侧秦汉时期留下的烽火燧、石墩、石台伸延数里，是沟通山前山后的重要通道，史称"北丝绸之路"。站在这些古迹面前，仿佛可以听到阵阵的驼铃之声，旧时商贾云集的景象，会不断地在你脑海中浮现……

磴口
DÈNGKOU

哈密瓜之乡——磴口，磴口县是黄河岸边的古镇，历史悠久。春秋战国时期，赵国"胡服骑射"迅速强大，不断拓疆扩土，赵长城修至高阙塞，磴口为赵属地。汉武帝时设朔方郡，这里成"人民炽盛，

农牧发达、人口稠密，磴口码头商贾云集、街井有序，遂决定在磴口设县，这应该是磴口最早的县治了。如今的磴口县属巴彦淖尔，其政府所在地为巴彦高勒镇。今天人们所说的磴口古镇，就是巴彦高

牛马布野"的繁荣垦区，得天时而占地利，享政通而悦人和。后植被破坏，黄沙吞噬，遂成为匈奴牧地。清时为蒙古旗阿拉善王爷菜食地，俗称"王爷地"。20世纪20年代，冯玉祥国民革命军在五原誓师挺进西北，途径王爷地，看到沿河一带

勒镇。在内蒙古就是这样，一个地方看起来就有好几个名字。

磴口县地貌多样，东北部为河套平原，地势平坦；西北部为狼山山地，沟壑纵横。由巴彦高勒镇西行数里便是天下闻名的乌兰布和沙漠了，它在磴口县

境内的总面积就达 300 多平方公里，茫茫沙海，沙岗连绵隐没天际。因黄河流经其东南边沿，所以全县大部分地区能引黄河水自流灌溉。这种由沙地、山地和平原构成的地形和地貌，再加之黄河沟渠密布，在磴口境内，崇山峻岭、大漠瀚海、沃土平野以及生机盎然的沙地植物、阡陌纵横的灌区绿带和良田美池的田园风光共同构成了大西北粗犷恢宏、神秘莫测的天然神韵，在这片土地上散发着不尽的魅力。

磴口地区因处于沙漠边沿，为黄河冲积平原，土层深厚、土壤肥沃，含有大量矿物质，年日照在 3000 小时以上，昼夜温差大，虽干旱少雨，但水源丰富，土壤含沙适宜，所以这里盛产的瓜果举世闻名，其中以华莱士蜜瓜为典型代表，被誉为"天下第一瓜"，磴口县也因此在上世纪末被国务院特产办命名为"中国华莱士蜜瓜之乡"。磴口华莱士蜜瓜为中早熟品种，每年 5 月种植，7 月底成熟。磴口高速路出口的路边以及在巴彦高勒镇的大街小巷中，到处都是出售华莱士蜜瓜的摊位。每年的 7 月 28 日，是磴口的华莱士节。

磴口的蜜瓜为什么要叫这样一个洋味十足的名字，这其中还有一段很深的缘由。1944 年美国副总统华莱士访华，从新疆入境至兰州，赠送美国蜜瓜瓜籽，在兰州培植成功。

1956 年，时任巴彦淖尔盟盟长的达理扎雅去兰州开会，带回此瓜籽交磴口县农民试种，获得成功，后经不断杂交提纯，逐渐培育成今天独具特色的磴口华莱士蜜瓜。此瓜未成熟时为绿色，成熟后呈金黄色，故当地人俗称"黄金瓜"。实际上，如今磴口的华莱士蜜瓜还有橘红和青麻绿两种颜色，瓜型呈圆形或柠檬型，属原皮非网纹类甜瓜，表皮光滑，间有裂纹，瓜瓤呈纯白、绿白和翠绿色，兼有苹果、香蕉、荔枝、菠萝、蜜桃等多种水果的味道，且香气浓郁，吃起来光滑爽口，回味绵长，为瓜中仙品。

富饶的banner川——巴彦淖尔

乌梁素海
WULIANGSUHA

是中国八大淡水湖泊之一，也是河套平原上的"塞外明珠"。乌梁素海的湖面碧波和芦苇、蒲草参半，水道曲折

台，观鸟族也乐得屏息悄立，亲近这些顽皮、羞怯的珍稀鸟类。而住在岛上，登上瞭望塔，在日出日落的霞光中，惊

通幽，湖面水鸟与游人共享湖光水色，倘若泛舟湖中，蒲苇不时擦袖而过，水鸟往往追逐而行，如果有幸与渔民相遇，还可观赏到一种特殊的捕鱼奇观。走上湖中专设的木制通道，直入湖中游船平

起一池鸥鹭的美景是一天里最为迷人的景致。

传说在很久很久以前，长江中游地区非旱即涝，年年天灾不断，严重时颗粒不收。居住在这一带的南蛮人食不果腹，衣不蔽体，生活艰辛，难以度日。

然而，黄河上游的河套地区则别是另一番天地：有雨不涝，旱涝保收，年年五谷丰登，岁岁六畜兴旺。居住在此地的河套人安居乐业，丰衣足食。"天下黄河，唯富一套"果然名不虚传。

为何一南一北，祸福忧乐有此天壤之别呢？为何"天下黄河"偏偏要"唯富一套"呢？南蛮人终于探知了其中的奥秘：原来流经河套一带的黄河水中暗潜金马驹一匹，因而河套人凭借金马驹的仙缘，独享天公的偏爱。

于是，南蛮人决心不远万里来到河套，想把"添风水，聚宝气"的金马驹牵回南方，投入长江之中，让多灾多难的长江流域也成为风调雨顺、昌盛兴隆的宝地，彻底改变自己的不幸命运。

万里寻宝的南蛮人刚到河套，尚未下水寻宝，金马驹早已预知跃出黄河水面，拉着一根长长的缰绳，由南向北疾驰而去。途经现今的磴口、杭锦后旗、乌拉特后旗、临河、五原一带，最后卧到乌拉特前旗的戈壁上。

南蛮人见金马驹惊走，紧追不放，直奔戈壁。金马驹一见此状又跃进身而起，拉着长长的缰绳重新潜入黄河之中，隐迹潜形，使人无从寻觅。

南蛮人寻马未遂，只得灰心丧气地返回南方。后来，各地的农民听到南蛮人寻宝不成之事，深信金马驹并未去远，必定还在流经河套的黄河之中，否则怎会"天下黄河"仍然"唯富一套"呢！所以他们陆续迁来河套定居，分享金马驹给人们带来的福气。

说来也怪，金马驹缰绳拉过的地方竟然地裂土移，出现了一条长长的深沟，这便是现今日的乌梁素海；金马驹两次飞奔时，缰绳又拉开了乌梁素海通入黄河的水路，使干旱的乌拉特草原两头通贯黄河，出现了乌梁素海这样的渔村水乡。

富饶的摇川——巴素淖尔

巴彦淖尔盟旅行推荐——

巴音满都呼恐龙化石区：位于乌拉特后旗宝音图苏木巴音满都呼嘎查东，该地又堪称恐龙化石宝库。

纳林湖：在内蒙古乌兰布和沙漠东北部的巴彦淖尔农垦纳林套海农场，有一处原始形成的处女湖。

玛瑙湖：位于巴音戈壁苏木西北部沙漠中，是干涸的湖床，湖内玛瑙石裸露地表，浅黄，浅红，遍布湖底，大者如拳，小者似豆，晶莹透亮，光彩夺目。

沙顶湖（敖瑞淖尔）：位于那仁宝力格苏木西南。四周明沙包围，地势较高，故称"沙顶湖"（蒙古语敖瑞淖尔）。

布格提梭梭林：位于巴音戈壁苏木前达门嘎查境内，是保存比较好的天然梭梭林带，是全旗最大一块梭梭林，形成荒漠地区特有的绿色风景带。

常素庙：常素庙位于乌中旗宏丰乡，建于民国22年（1933）。常素庙为汉式庙宇，砖木结构，四合头庙院。是境内规模最大的一座汉佛教寺庙。

达日盖遗址：达日盖遗址位于乌拉特后旗达日盖山口，此为新石器时代狩猎民族的遗址和墓群。

呼鲁斯太遗址：呼鲁斯太遗址位于乌拉特中旗呼鲁斯太苏木，属青铜器时代遗址。在这里发现典型的连珠状匈奴牌饰。旁有春秋时代的匈奴墓群。

窳浑古城遗址：蒙古语为"保尔浩特"，汉语也称"土城子"，位于磴口县沙金套海苏木西南约三公里处，建于汉武帝元朔二年（公元前127）。

临河市八一乡古城遗址：临河市八一乡东，为汉代古城遗址。

三顶帐房古城遗址：三顶帐房古城遗址位于乌拉特前旗黑柳子三顶帐房村南，为汉代古城遗址。

临戎古城遗址：位于磴口县补隆淖乡河拐子村西。建于汉武帝元朔五年（公元前124）。

三封古城遗址：亦称陶生井古城，位于磴口县哈腾套海苏木，建于汉武帝元狩二年（公元前121）。

沃野镇古城遗址：位于乌拉特前旗苏独仑乡东南，建于北魏。

西受降城遗址：位于乌拉特中旗乌加河乡西南圆圈补隆村东。建于唐代。是唐代设置的军事城堡。

沙金套海古墓群：位于磴口县沙金套海苏木西南，以汉代窳浑古城为中心，已暴露的墓葬近千座。

三顶帐房汉代古墓葬：位于乌前旗黑柳子乡三顶帐房村东北约1公里处。考证为西汉中期至东汉中期的古墓葬。

唐代王逆修墓：在乌拉特前旗阿拉奔苏木西南陈二壕村一带，曾发现汉、唐、辽、西夏的古墓多座，其中以唐代王逆修墓的发掘最有价值。

10

富饶的接川——巴彦淖尔

四大股庙：位于五原城南，又名诸神庙。建于清穆宗同治十一年（1872）。

乌拉山国家森林公园：乌拉山国家森林公园位于内蒙古自治区巴彦淖尔市乌拉特前旗境内。

大桦背：位于乌拉特前旗东部巴音花镇北。夏秋之季，风光秀丽，气候宜人，为疗养避暑胜地。

乌拉特中旗冰臼风蚀地貌：大约形成于第四纪冰川时期，由于风和冰川的作用，使这些岩石外貌呈现各种奇特的造型，有极高旅游价值和科考价值。

沙漠绿洲

——乌海

乌海市所辖区域——
　辖3个市辖区，市政府驻海
勃湾区
　海勃湾区（凤凰岭街道）
　海南区（拉僧仲街道）
　乌达区（新达街道）

乌海
WUHA

位于黄河上游，1976年由原巴彦淖尔盟的乌达市、伊克昭盟的海勃湾市合并成立的。并成为内蒙古自治区的第三个地级市。

乌海素有"乌金之海"、"塞外煤城"的美誉，矿产资源十分丰富，具有得天独厚的资源优势。受燕山期和加里东期造山运动的影响，乌海地区从远古到现代十几个地质年代的地层均有分布和出露，构成了许多独特的自然景观。

黄河景观

位于乌海市境内。黄河在此段地形复杂，呈现与其它地段异然不同的风貌。

此处上游贺兰山与桌子山两山对峙，水流湍急，河中三岛并列，其中最大的岛上遍生胡杨树，故名"胡杨岛"。河心有大中滩，李华滩两座小岛。黄河双桥在这里如彩虹飞架东西，形成水绕乌海，双桥连三风的壮观景色。

265

桌子山岩画群
ZHUOZISHAN YANHUAQUN

　　桌子山主峰山势雄伟，峦峰起伏，巍峨壮观。因山顶较开阔平坦，远眺形似桌状，故此得其山名。据顶俯瞰，四周悬崖绝壁，沟深谷狭，十分险峻。沟坎谷壁上发育着大小不等形状各异的喀斯特溶洞，景观奇特诱人。桌子山山顶奇平，草木繁盛。相传是成吉思汗攻打西夏时打造兵器的地方。

　　岩画群主要分布在6个较为集中的地区，即：召烧沟、苦菜沟、毛尔沟、苏白音沟、苏白音后沟、雀儿沟。桌子山岩画6处岩画分为两种类型：第一种类型为山地缓坡岩画，即召烧沟岩画；第二种类型为悬崖峭壁岩画，即苦菜沟、

毛尔沟、苏白音沟、苏白音后沟、雀儿沟岩画。其中，岩画为磨划的阴纹，以召烧沟岩画最为著名。大多数为神灵像，还有动物和太阳图案等，从题材和艺术风格推断，召烧沟岩画系青铜器时代我国北方游牧民族的文化遗迹，现已发掘出可辨认图形十幅。画面磨刻在较为平缓的石灰岩坡面上大多为神态各异的人面像，太阳神图案。其余岩画多是动物图形和骑马人图形，反映的内容有祭祀、行猎、迁徙、家庭聚会和舞蹈等场面。

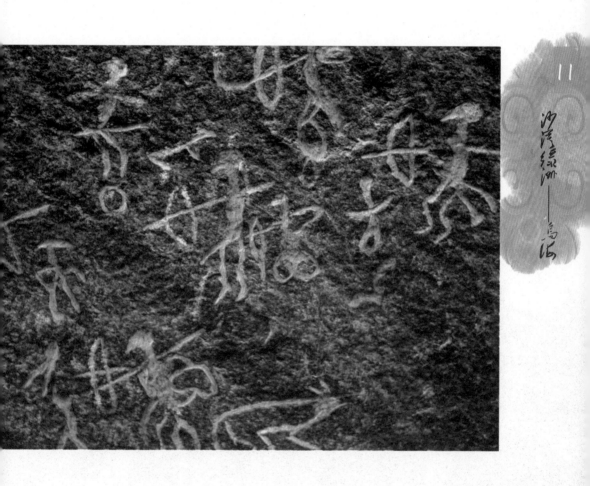

乌海地区旅行推荐——

甘德尔山奇峡谷：又称"一线天"。位于乌海市海南区西北方向的甘德尔山上，山谷两边奇锋耸立，犹如刀斧劈就一般，最窄处不过一两米左右。进谷百余米，有一巨石正巧夹于两壁之间，凌空盘踞，使人顿觉奇异，更给整个峡谷增添了一份神秘。

满巴拉僧庙：位于乌海市海南区拉僧庙镇所在地，距今已有215年的历史，"满巴拉僧"是藏语，意为"医明经院"或"医明学院"，是一个专门研究医学宗教的场所。

金沙湾旅游区：位于乌海市北郊，是一处集沙、山、水为一体的大型生态旅游区。

令人神往的秘境

——阿拉善

阿拉善盟所辖区域——

　　辖3个旗，盟公署驻阿拉善
左旗

　　阿拉善左旗（巴彦浩特镇）

　　阿拉善右旗（额肯呼都格镇）

　　额济纳旗（达来呼布镇）

阿拉善
ALASHAN

　　"阿拉善"一词，为汉语"贺兰山"的音转。在中国的版图上，贺兰山往西就属于西部了。从地图上看，阿拉善地处内蒙古的最西端，北与蒙古国接壤，南隔河西走廊与祁连山相望，西与甘肃的武威、张掖、嘉峪关、玉门关、敦煌毗邻，从阿拉善的额济纳旗，途径甘肃的一小块区域就到新疆的哈密了。

　　自秦汉始，武威、张掖、嘉峪关、玉门关、敦煌这些名字就已常常出现在古代边塞诗人的吟诵中了。并且一直至新中国成立，西部古战场上的战火就从未间断过，大漠孤烟，长河落日，自古就是吸引英雄的地方，秦始皇、项羽、刘邦、卫青、李广、霍去病、李自成、刘志丹、彭德怀等一些旷古英雄们曾在此地的瀚海戈壁上耸成了最坚挺的山脉。通常意义上讲，内蒙是属于华北，而以前的阿拉善并不属于内蒙管辖，今天阿拉善盟的前身是阿拉善和硕特旗与额济纳土尔扈特旗，新中国成立前都做为特别旗曾先后直属于清理蕃院和民国政府中央蒙藏委员会。新中国成立后历经五次调整隶属关系，曾先后归属于宁夏和甘肃，至20世纪70年代末才划归内蒙。说阿拉善是属于内蒙的西部，不如说是属于中国的西部。阿拉善境内有着西部典型的戈壁瀚海和崇山平野的地质和地貌，中国著名的巴丹吉林、腾格里和乌兰布和三大沙漠横贯全境，面积占全盟的三分之一还多，在这么广袤的地方，把人丢进去就不见踪影了。

其实，阿拉善，不但有奇异的大漠风光，而且还有秀美的贺兰神韵、神秘的西夏传奇、雄浑的戈壁奇观、古老的居延文化、豪放的蒙地风情和悠远的丝绸文明，还有悲壮的东归英雄。所有这些都是阿拉善秘境的构成元素。

12

令人神往的秘境——阿拉善

阿拉善左旗
ALASHANZUOQI

　　阿拉善盟政府所在地是巴彦浩特镇。小镇的东边就是巍峨的贺兰山脉，处于贺兰山深处的贺兰古刹广宗寺，相传是六世达赖仓央嘉错的归属之地，藏族女歌手央金兰泽所唱的《遇上你是我的缘》就是仓央嘉错写的。而在贺兰山雪岭子附近的牦牛塘，传说就是当年仓央嘉错放生的地方。巴彦浩特小镇地处腾格里沙漠边缘，出小镇南行不远处，就可去到位于腾格里沙漠腹地的月亮湖。月亮湖又称"腾格里达莱"，去到月亮湖，必须乘坐沙地冲浪车。

巴彦浩特
BAYANHAOTE

在夏日阿拉善浓浓的夜色里，走在巴彦浩特梦境般的大街上，你能感受到它的大气磅礴和广袤深邃。这个地处中国西部的旷世秘境，从春秋战国时起就有匈奴、鲜卑、党项、回纥、蒙古等少数民族在这里生息繁衍。自汉以降，更是丝绸之路的枢纽。1677年，蒙古族和硕特部首领和罗里为躲避准格尔的叛乱，率部从新疆辗转青海来到这里，后在康熙平定准格尔叛乱之后，设阿拉善和硕特旗，清廷亲封和罗里为阿拉善第一代王爷。不久，准格尔再生事端，年羹尧的大将岳钟琪驻守阿拉善，并在此亲建定远营，这便是巴彦浩特的前身。至雍正时期将定远营赐予阿拉善的第二代王爷阿宝，从此这里便成为了阿拉善王爷府。阿拉善从第一代王爷和罗里开始，到最后一位王爷达理扎雅，前后历经252年，共有10位王爷坐镇王爷府，运筹帷幄。在清朝平定准格尔和大小和卓的叛乱中，阿拉善前三代王爷多次派兵和出资协助，从而使得阿拉善成为了清朝统治西北举足轻重的战略要地。

令人神往的秘境——阿拉善

阿拉善右旗
ALASHANYOUQI

　　阿拉善右旗距离阿拉善左旗约700公里左右，出巴彦浩特北行至巴彦诺尔再西行，一路沿着腾格里沙漠的边缘而行，路途中经过唯一一个有人烟的沙漠村庄，叫孟根布拉格。过孟根布拉格南行不远就是巴丹吉林沙漠与腾格里沙漠的分界雅布赖山，沿着雅布赖山继续南行，就到达了阿拉善右旗政府所在地的额肯呼都格，这是一个地处巴丹吉林沙漠腹地的小城，毗邻河西走廊，与位于其东南和西南的金昌和张掖都不远，而南面就是著名的山丹军马场。

对于每个男人来说，征服欲是本能。越是未知的地方越想去冒险。沙漠正是一个这样的地方！你可以带着超载的热情，去尽情穿越，感受风沙刮在脸上的刺激和挑战自我体能的酣畅淋漓。

在你的头脑里充满了沙尘暴的恐怖之前，沙漠是美丽的。就像是蒙着头纱的阿拉伯少女，娇柔神秘。额济纳拥有世界第三大沙漠——巴丹吉林。

第一次与沙漠亲密接触，你一定会喜欢它肌肤一样温柔的质地，优雅蜿蜒的沙脊线，被风揉皱了的美丽沙纹，偶尔有勇敢的黑色甲虫活跃

活跃气氛。沙丘绵延如浪涛，见不到任何生命迹象。 然而这一切都是短暂的，致命的风沙总是不期而至。沙漠的终极体验就是迷失，撒哈拉、腾格里、巴丹吉林，地名变得没有任何意义，风景也变得没有任何个性，很快你就会渴望看见公路，渴望不远处的胡杨林，渴望拥有喝不完的矿泉水。 那时，你该庆幸还是该恐惧？

巴丹吉林沙漠
BADAN JILIN SHAMO

横贯阿拉善右旗全境，分布于额济纳河以东、雅布赖山以西、拐子湖以南地区，并绵延至宁夏和甘肃境内，总面积近5万平方公里，在阿拉善右旗境内万多平方公里的地域尚无人类涉足。

"巴丹吉林"这个名字很有意思，它是蒙古语的音译，是一个人名和一个数词的组合。"巴丹"是一个蒙古牧民

的面积就达3.5万平方公里，主要由剥蚀的低山丘陵和山间凹地相间组成，第四纪沉积物普遍覆盖了地表，形成了广泛分布的沙漠，其地貌形态分为新月形复合沙丘、金字塔状沙丘和大沙山三种。在这一片广袤的沙漠之中，至今还有1的名字，原在此居住。"吉林"是数词"六十"，巴丹当年曾在这里先后发现了大小六十个湖泊，最先发现的湖泊就是著名的"巴丹湖"，巴丹吉林之名由此而来。如果直译成汉语，似乎这显得不符合汉语的逻辑，但蒙古语就是这样

叫的。历史上，尤其在清代，巴丹吉林沙漠曾是囚徒流放之地。

奇峰、鸣沙、湖泊、神泉为巴丹吉林"四绝"，其更以高、陡、险而著称于世。高大的复合形沙丘链和金字塔状沙丘似大山雄立，沙峰、沙壑、沙峭、沙谷、沙壁随处可见，蔚为壮观。位于巴丹吉林沙漠腹地的必图鲁沙峰海拔高度 1600 米，相对高度 500 多米，比非洲撒哈拉沙漠的最高沙峰阿尔吉利亚沙峰还高出 70 多米，为世界最高沙山，有"沙漠珠穆朗玛峰"之称。这里的沙山坡度大，爬上沙顶顺坡向下滑行，就可以直接滑

入湖水之中，并能听到沙山发出的飞机轰鸣般的声响，是世界鸣沙王国。无风

征服也许是人类的天性。虽然人类已经征服了南北极和珠峰，但这并不是每个人可以去做的。挑战极限、超越自我，才应该是行动的本质，用登临世界最高沙山的方式给自己以信心，成为绝大多数人的选择。

之日，从沙山顶上俯视，可以清晰地观

令人神往的胜地——阿拉善

赏到湖中游动着的各种鱼类和沙山的倒影沙漠中分布着的上百个大小湖泊，周围芦苇丛生、红柳茂盛，湖中碧波荡漾，水鸟嬉戏，一片"漠中江南"之景色。

所有这一切，大概是当年的封建统治者和囚徒们都未曾想到的吧，数百年之后，这里却成了今人争相而来的旅游胜地。

腾格里沙漠

TENGGELI SHAMO

主体分布在阿拉善左旗西南部，即巴彦浩特西南，横跨于蒙甘宁交界区，南北长约240公里，东西宽约180公里，总面积约4万多平方公里，也是世界上发现沙漠湖泊最多的地方。在浩瀚的腾格里沙海之中，分布着大小400多个数千万年的原生态湖泊。特别是在腾格里沙漠的中南部，这些湖泊呈规则的南北走向平行排列着，间隔宽约3至5公里不等的流动沙丘带，它们大多是在原有岛山分割的第三纪湖盆基础上不断干涸退缩而形成的残留湖泊。位于腾格里沙漠腹地的月亮湖，就是这些湖泊中的一个，它已经具有了6000多万年的历史，面积达4.5平方公里。因为腾格里沙漠是处于阿拉善高原，蒙古语中的"腾格里"就是"天"的意思。腾格里沙漠以高海拔、高沙峰自由伸展在阿拉善的苍茫大地上，素有"登上腾格里，离天三尺三"的说法。而腾格里沙漠也是流动速度最快、周边人口密度最大的沙漠，是我国西部沙尘暴的主要发源地之一。置身于这万顷波涛起伏的大漠之中，举目远眺，那连绵至天际的沙丘闪烁着金灿灿的光芒，仿佛披着一层金色的锦缎，柔柔绵绵的。那一道道均匀而舒缓的波纹就像在水面上溅起的层层涟漪，低低的天幕就罩在这一片金色的沙海之上。展现在眼前的腾格里，浩瀚而苍凉。

月亮湖
YUELIANGHU

从腾格里沙漠腹地冲浪般地翻越过最后一座较为平缓的沙丘之后，前面便

隔世的仙子，碧蓝透亮的湖水恰似仙子顾盼的明眸，纯洁、热烈而性感，牵人

现出一片阔大无边的凹地，四周沙海茫茫，中心绿洲茂盛，绿洲荫护着的一片奇特的建筑，伴着高高的移动通讯铁塔，矗立在这空旷的天地间，清清的一泓水色倒映着蓝天白云、绿草沙山。那就是蓝色的月亮湖，远远地望着，酷似一位

心魄，撩人情丝。或许叫"月亮"这样的名字，更能体现这湖水如女性般的阴柔妩媚吧，在这阳刚雄浑的大漠深处，一泓湖水把这周遭刚立的沙山轻轻地揽入怀中，通体地美丽着。

贺兰山北寺
HELANSHAN BEISI

在巴彦浩特附近的贺兰山一段，有两座佛教寺庙，因其所处地理位置的不同被当地人称为了"北寺"和"南寺"，其实它们都有正式的名字，北寺叫"福因寺"，南寺叫"广宗寺"。因传说中的广宗寺与六世达赖喇嘛仓央嘉措有着不解的渊源而闻名天下。

令人神往的绝地——阿拉善

福因寺位于阿拉善左旗境内，贺兰山北段，周围群山环抱，森林茂密，鸟语花香，被视为世外桃源。该寺为阿拉善八大寺之一，其属寺有：方等寺、呼尔木图庙、敖套海庙、查拉格尔庙、色勒庙、达里克庙、白塔寺、博尔图（博

尔斯图）印塔寺大小八个寺庙。

福因寺藏文为"格都布林"，嘉庆元年（1796）道布增霍图格图罗布生旦毕关布（格里格坡力吉）从西藏回到阿拉善后，见延福寺重新制定法事戒律而效果不佳，便从延福寺藏尼德达增带走

众僧徒，嘉庆四年（1799）在定远营城（现巴彦浩特）以北"浩太"地方建造了简易的两座小经殿，主持了几年法会。是年清廷封他为"道布增霍图格呼坎布"，并赏给"嘎舒格"玉书。此后他又在京城先后两次参加了"通力"法会，受皇帝的真诚恩赐后，决心扩建寺院。回到阿拉善后，为找理想的地段而四处奔波。途中在一牧民家住宿时，梦中遇见白须老者告之曰："东那林乌松""巴彦高勒"为吉祥之地。在此建筑寺院，得到了阿拉善亲王旺庆班布尔的全力支持。1804年，从延福寺分移出以阿旺旦德尔为首的60名僧侣，并注册该寺名下，寺名为"米潘木却林"，搬照青海"阿拉腾寺"（意为金寺）的规程进行法事活动。1806年，清廷理藩院御赐以四种文字书写的"福因寺"匾额。

广宗寺

GUANGZONGS.

阿拉善历史上的第一大寺，建于乾隆年间。传说当年仓央嘉措经拉姆女神指点来到阿拉善的贺兰山下的时候，就直是远近信徒虔诚向往的圣地。

外地的游客刚来阿拉善的时候，就都向往着能去广宗寺看看，因为它牵扯

发现此处周围的群山呈现八祥特征，地如八瓣莲花，天似八辐金轮，犹如走进自己的木尊胜乐金刚坛城，于是就选定在这里建庙弘法。后仓央嘉措圆寂，他的弟子阿旺多尔吉继承先师遗愿建成广宗寺，并将仓央嘉措的灵塔供奉于此。而广宗寺自建成之后的数百年来，便一着"情歌王子"仓央嘉措。一个六世达赖喇嘛，一个藏传佛教的活佛，怎么能与"情歌王子"搭上界，这本身就令人十分好奇。而他不在布达拉宫，却非要千里迢迢来到这贺兰山深处。佛门与俗世、净土与凡尘，这之间到底发生了些什么样的事情？由于仓央嘉措曲折而传

第一最好不相见，如此便可不相恋。
第二最好不相知，如此便可不相思。
第三最好不相伴，如此便可不相欠。
第四最好不相惜，如此便可不相忆。
第五最好不相爱，如此便可不相弃。
第六最好不相对，如此便可不相会。
第七最好不相误，如此便可不相负。
第八最好不相许，如此便可不相续。
第九最好不相依，如此便可不相偎。
第十最好不相遇，如此便可不相聚。
但曾相见便相知，相见何如不见时。
安得与君相决绝，免教生死作相思。

——六世达赖喇嘛—仓央嘉措

奇的经历扑朔迷离，由此衍生而出的许多的传说和故事，使得仓央嘉措一直是史学界和藏传佛教界颇具争议的人物。

他以世间法让我等凡夫俗子看到了出世法中广大的精神世界，他那些讴歌人世间纯真情爱的诗歌和歌曲净化了一代又一代人的心灵，他用最真诚的慈悲让俗世感受到了佛法并不是高不可及，他的特立独行让我们领受到了真正的教义。

大同城

　　无尽大漠中一座连一座的陈垣古城，正耗尽气力去和风沙抗争。位于黑城西边 4 公里远的大同城，就没逃过被掩埋的命运！此城初建于汉代，隋唐时期有所增建并加固维修。有史料记载，古城在隋唐时是"大同城镇"所在地，后被指定为唐代"同城"宁寇军治所。高耸的夯土墙有种威武不屈的气势，最让人琢磨不透的是那些布满城墙、镂空如射孔的小洞，感觉特别与众不同。如果仔细度量它，城池坐西朝东，有内外两道城墙。外城墙长 208 米、宽 173 米，但倾废较多。西城墙有门，也不太明显。

东城墙门高 9 米，门外均有瓮城。城内有一座方形障，墙长宽各 86 米，障门朝南。障内有一座砖瓦房舍的残迹，外城东南也有一些房舍阡陌的遗址，都基本寻不见了。大同城出土的文物不多，都是些箭镞、汉五铢钱和唐宋铜钱之类。据说，过去牧民常在这里圈马群套捉坐骑，所以大同城也叫"马圈"城，这里距离达来呼布镇约 19 公里。大同城在额济纳众多的遗址中显得非常不起眼，但它却非常上相，摄影师仿佛都能找到属于自己的视角，有时他们诠释一份沉重，有时又是一份风韵。

令人神往的绝地——阿拉善

苍茫大漠中的黑城

CANGMANGDAMOZHONGDE HEICHENG

　　"额济纳"是西夏党项语，其意思有的说是西夏国的古都黑城，有的说是额济纳河的另一称谓"黑水"，因在元代把它们翻译成了"亦集乃"，今天的"额济纳"实际上就是"亦集乃"的变音。不管是指"城"还是指"水"，看来这"额济纳"一词中都有"黑"的意思。

　　黑水，是额济纳的生命之水，它发源于青海祁连山麓，由祁连山积雪融水汇集成河，向北流进巴丹吉林沙漠，绵延近300公里，至达来呼布时呈蛛网状，细细密密地润泽着这片土地。古时的黑水水量丰沛，流域内水草丰美，滋养了巴丹吉林沙漠边缘的一片绿洲，成为巴丹吉林沙漠和大漠戈壁之间的狭长通道，

也是河西走廊"丝绸之路"去往漠北的必经之路，地理位置十分重要，它就是古时著名的居延地区。说起居延，今人也许对它已十分陌生了，但居延自汉代以来，直至清朝，都是一个极为有名的地方。今天

人们都在熟知楼兰，要知道，古时的楼兰较之居延来说，却是小巫见大巫了。

楼兰之所以在今天能走进广大民众的视野之中，很大程度上是源于那首广为传唱的《楼兰姑娘》，而曾经常常出现在边塞诗人诗句中的古居延却被今人给淡忘了，这不能不说是一件令古居延人后代为之惋惜的事情。在中国古代历史上，历代的封建统治者都在此设立城塞，以保卫这里的安全和控制权。

汉代曾于此建立居延塞，设立居延都尉守卫黑水流域。当年汉王朝与匈奴之间的战争连年不断，那时威胁汉王朝统治的强大力量就是来自居延地区。汉代那些征战疆场、戍边建业的军事将领如霍去病、李广就曾率军追击匈奴饮马居延泽，极大地重挫了匈奴的有生力量，曾使匈奴为此悲歌"失

我祁连山，使我六畜不蕃息。失我焉支山，使我妇女无颜色"。至唐朝，这里便被突厥所占领。而到了宋朝，这里又被党项人所控制，在此建起了西夏国都

黑水城，使得这里一度成为西夏的政治、经济和文化中心。当年蒙古汗国进攻西夏时，多次从这里进军。元代在这里设置亦集乃路，并于明初在此与明军展开

过多次的血战。当时明王朝著名的军事将领冯胜就是在这个时期攻破黑水城的。元朝灭亡之后，曾担任过成吉思汗护卫军的土尔扈特人被迫率部迁徙到了伏尔加河流域。至清乾隆时期，流落异邦的16万土尔扈特人开始克服重重险阻、不远千里回归故土，这便有了著名的"东归英雄"之说。

这里有着彪悍、勇猛的土尔扈特后代，有着一望无边的戈壁瀚海，有着背负着数千年历史的西夏古城，还有着那漫及天涯的金色胡杨。曾几何时，一部《英雄》让今人早已淡忘的古居延又声名鹊起，那漫天飞舞的黄叶和至纯至净的绚烂金黄曾令多少人心驰神往，许多人不远千万里来到这天边，大漠、古城和胡杨便成了这天边的额济纳永恒不变的魅力所在。

额济纳旗

EJINAQI

从阿拉善盟政府所在地巴彦浩特出发，向北一直行驶至巴彦诺尔贡分岔路口，向西去往阿拉善右旗，继续向北去往额济纳。这里是腾格里沙漠、巴丹吉林沙漠和乌兰布和沙漠的交会处，这里是一片戈壁滩，阳光照射在地面，似乎变幻着各种颜色，被人称为"变色戈壁"。过变色戈壁便是那神奇的一座座矗立在戈壁滩上的黑山头了。这样的戈壁景观一直延续到呼和陶勒盖才逐渐消失而去。额济纳北部是中蒙边界，旗政府所在地为达来呼布镇，一个大漠绿洲的小城。

12

令人神往的秘境——阿拉善

额济纳的秋天

秋天无疑是额济纳最美丽的季节，妩媚的胡杨在秋天绚烂，绽放生命的精华，荒芜贫瘠的土地挡不住她的美丽，这个季节属于额济纳。纯净的天空，广袤的大漠，扣人心扉的美丽，所有的烦恼和郁闷在这里都会被毫无保留地释放，这一切都源于额济纳的胡杨林。

沙尘的侵袭中没有什么两样，一样的灰土土、一样的风扑扑。然而额济纳的胡杨终究还是幸运的，秋天里一举成名，

用自己的绚烂托起了额济纳美丽的秋天，她那如磁场般的魅力令人无法拒绝。

如果你爱一个人，就带她去看额济纳的秋天，因为那里是天堂；如果你恨一个人，就带她去看额济纳的春天，因为那里是地狱。

在额济纳，春、秋的天气截然相反，使得天堂与地狱就是如此地并存着，并且相差的就是这一步之遥。每年的9月底到10月中，一场寒露过后，一夜之

往日里没有人关注她们的存在，她们与这里的山川河流、村落农舍在漫天

间胡杨林魅力尽显，蓝天白云之下，在广袤的沙漠戈壁之中化作一片的绚烂，每片的叶子在生命的最后一刻尽情地绽放出自己最耀眼的璀璨，那是一曲生命的挽歌，凄美而壮丽。那时的胡杨驾驭着整个额济纳的秋

凋零枯萎的秋天。

走进胡杨林的深处，有一汪盈盈的秋水，有水相伴的胡杨林，充溢着秋天

天，那是需要一天天的细数光阴来等待最美丽一刻的秋天，也是一天一天转眼

的妩媚和神韵。蓝天白云、灿叶虬枝倒映在水中，此情亦真亦幻，此景可堪入画。穿过公路往北，就是胡杨村了，一条宽坦的沙土路一直通向胡杨村中，路两边的胡杨林被半人多高的铁丝网围着，不让游人进入。据当地人说，到了胡杨

令人神往的秘境——阿拉善

节的时候，从四面八方赶来看胡杨的游人蜂拥而至，胡杨林里挤满了四海游客。

额济纳的秋天是美丽的，这样的美丽是因为有了胡杨，有了胡杨深处的人家。达来呼布的四道桥是最富有田园气息的地方。大片大片的红柳如绚烂的红云衬托着金色的胡杨，在这胡杨林的深处，红、黄、蓝、白、绿，色彩纷呈，当地村民的低矮房舍就被这五颜六色的色彩氤氲着。密林森森，秋阳透过茂密的树叶洒下道道的光线；房舍青青，在这季节的边缘依旧温馨而和煦。一条林间小道蜿蜒曲折而去。

这是一片难得的大漠绿洲，远离喧嚣的都市，秋天里，它绽出了一年之中最绚烂的色彩，田园房舍，弱水流沙，已成为了额济纳最美丽的风景。

东风航天城

DONGFENG HANGTIANCHENG

在巴丹吉林沙漠腹地、古弱水河畔，有一个世人罕知的小城镇，连现今的地图也未对此做任何标记。新中国成立后的60多年来，几代航天人在这极其恶劣的环境下先后发射卫星37颗，创造了中国航天发射史上十多个"第一"，"神舟"系列飞船也相继从这里成功发射。在世界23个发射场中，这里与苏联拜科努尔发射场、美国的肯尼迪航天中心并称世界三大航天中心。是实现中华民族飞天梦想的地方。

东风航天城西依山、东临河，又名酒泉卫星发射中心，是建于西北大漠戈壁滩上的一座"人造城市"。漫步航天城，随处都能感受到航天人的才情与睿智、精神与追求。

12

令人神往的建筑——阿拉善

航天城中心，有一座白色火箭状的抽象雕塑，寓意中国航天事业的成就。这里的道路、宾馆取名也都极具航天与地域特色，道路有太空路、宇宙路、航天路、胡杨路、黑河路、红柳路等，宾馆取名"神舟""东风""航天"等。

生活在航天城里的人，都是从四面八方"闯进"这片戈壁的外乡人。他们把家安在这里，也把根深深扎在这里。航天城对于他们，就是可以播种梦想与荣耀的热土。

距离航天城中心广场5公里的地方，坐落着东风革命烈士陵园。陵园里盛开着无名小花，苍翠的松柏林立四周。每一座墓碑上都有一颗五角星，经过多年风吹日晒，有的已经褪色，但墓碑主人的精神与生命华彩不会褪色。

3万平方米的东风革命烈士陵园里，长眠着自1958年酒泉卫星发射中心建立以来，为中国航天事业献身的官兵和科研人员。

开国元勋聂荣臻元帅的部分骨灰也安葬在这里。他生前倾注了大量心血、亲自指挥创建了这座航天城。他墓碑周围生长着大漠戈壁特有的胡杨。

据陵园工作人员介绍，每逢有即将发射的火箭或飞船运抵发射场后，各参试单位都会组织人员前来烈士陵园瞻仰，激励大家传承"两弹一星"和载人航天精神。

从元帅到士兵，航天英雄们躺在这里，没有职务高低之分。现在，这些英灵静静守候在这里，继续注视着中国航天事业的发展，等待着神舟系列的运载火箭，再次点火开空……

"神树"

在额济纳旗506万亩的天然林中，生长着一棵被誉为"神树"的胡杨树。这棵"神树"位于达来呼布镇北25公

里处。树高27米，主干直径2.07米，胸围6.5米，需6个人手拉手才能合抱。据科学家测定，这棵胡杨树树龄已达880年。

相传很久以前，土尔扈特人来到额济纳草原，发现了这棵胡杨树。于是，

土尔扈特人怀着崇敬的心情将此树供奉为神树。后来，每当牧民途经这里，都

要求助神树，希望来年风调雨顺，畜草兴旺。

有一年，王爷的夫人打算做一只奶桶，就命工匠锯下树南侧的一根枝干，奶桶做成了，夫人的左脚大拇指却溃烂了，任凭怎样用药，不论如何念经，伤口就是不愈，王爷和夫人很是忧愁。

后来，来了一个高僧，听到夫人的病情，就来到这棵树下仔细观察，终于

发现了胡杨神。就对夫人说："你锯了神树的左脚指，神仙当然要怪罪了。现在只有大念经文，我佛慈悲，或许可以免灾吧。"

于是高僧召

集众僧侣，高声念经达七天七夜。夫人的脚伤好了。人们都说："这棵树真的有神呵。"

这棵胡杨树成了神树，年年受到祭祀。

汉居延遗址

HANJUYAN YIZHI

提起"居延"，总使人想起标杆一样指向天边的汉代烽燧，想起一捧掺和着莴草烽薪的塞墙黄土。其实专家说那是句匈奴语，是"幽隐的天池"的意思。古代的弱水蜿蜒在额济纳广阔的土地上，使这里成为西汉最繁荣富庶的边陲。"居延汉简"曾记载，由于河岸树林过于茂密，烽火台之间观察不到信号，以致一个士兵在递送情报的路上，被匈奴伏兵俘虏。

正是由于与北方少数民族频繁的摩擦，西汉太初三年（公元前102年），汉武帝启用前伏波大将军路博德大兴土木，布防设障，修筑了庞大的居延防御工程，并在弱水东岸进行军垦，移民屯田。

防御体系包括今日弱水（额济纳河）上游的重要要塞甘肃金塔的"肩水金关——肩水塞遗址"，那是我国现有最完整的一座汉代关城。其它比较著名的有东北方向的"亚布赖城——居延都尉府"以及西南方向的"大湾城——肩水都尉府"，如今略存遗迹的还有"橐他塞遗址"、"广地塞遗址"、"卅井塞遗址"、"甲渠塞遗址"、"居延塞遗址"、"珍北塞遗址"、"居延城"、"红城"等等。另有三百多座城障、烽燧、斥堠，成严密的"工"字形排列，它们阅尽人世沧桑，如今无一例外地矗立于戈壁尘砂之中，继续经受岁月的洗礼。

令人神往的遗址——阿拉善

居延海

居延海位于巴丹吉林沙漠的北缘，在达来呼布镇之北。历史上，每当春暖花开之际，祁连山上的积雪融化之后形成的弱水一路向北纵贯巴丹吉林沙漠，最后注入居延海。因此，居延海也就成了古弱水的归宿地。

"居延"是匈奴语，它在《水经注》中有一个听起来很美的译名，叫"弱水流沙"。居延海分东西，人们早年所说的居延海主要是指西居延海，它的名字叫"嘎顺淖尔"，而现在所说的居延海则一般是指东居延海，它的名字叫"苏泊淖尔"，位于达来呼布镇东北约40公里处。来额济纳的游人跟随当地旅行团去的大都是东居延海。

在茫茫的大漠之中，一片孤小的芦

苇荡掩映着一汪清泓，水面倒映着四时幻彩的天空。实际上，历史上的居延海曾是水草丰美、驼羊成群的绿洲，那时的弱水四季长流，居延海湖面烟波浩渺。当年老子骑青牛出关前留下的《道德经》曾让后人回味不已，史载其最后西行入海踪迹不见，这片海就是居延海。只是20世纪末以来，由于弱水上游植被破坏严重，而过度的垦荒又使农业灌溉占用了大量的水资源，导致进入额济纳的水量锐减，曾使居延海彻底干涸。直到21世纪初，由于人为的调水，使得弱水又流入居延海，如今这片水域的面积较之原来已大大减少了。

当年老子骑青牛从关中一路而来，过河西走廊沿弱水再北上至此，想必那时这居延海能吸引道骨仙风的先哲千里迢迢而来，定有它道韵仙境的神律。而如今的居延海仅留下了这一丝水色，后人连凭吊的地方都找不到了。这是不是先哲在此化仙而去的初衷，是不是先哲在数千年之前就有如此的慧觉？既然已得道成仙，当然也就不在乎有没有后人的凭吊了。据说，每到炎炎的夏日，来居延海的游人若有幸的话，能在茫茫大漠的炎炎烈日蒸腾中看到远方有一只巨

大的青牛，在漫漫黄沙之中若隐若现。

　　暮色里的居延海别有一番风情，微

波不兴，窄窄的湖面，水色略显混浊。远望西方天空，透过迷离的芦苇，一轮血红的落日被那火烧云簇拥着，就像在湖边不远处的沙丘上。渐渐暗下来的天幕上，一弯新月高悬。远处蒙古包内有悠扬的歌声传来，确实能让人领略到一种仙境的意蕴。看着这暮色里的居延海，听着那或远或近的歌声，回味着那则神秘的传说，一时间感觉，这弱水清泓、流沙仙踪，真真地把人化入了天堂。

绿城
LVCHENG

"绿城"的称谓是当地流传下来的，据说因为城址外有一片规模很大的庙宇群落，都是绿色琉璃建筑，庙和城都因此得名。黑河改道，黑城和绿城绝水而废，当年香火鼎盛的额济纳宗教中心，也成了戈壁里的传奇。绿城位于达来呼布镇东南45公里，距离黑城约15公里。是一座椭圆形的城址，设有内城和外城，面积约12万平方米，城址的东北角有类似瓮城的建筑，还有佛塔的残迹，整个遗址只有在向导的指点下，才勉强能分辨。但这里却是在额济纳发现的西夏建筑最丰富的地区。方圆数十公里内，城池、民居、庙宇、佛塔、土堡、瓷窑、墓葬群、屯田区、军事防御设施等遗迹有400处之多，几乎都未被发掘，是考古学家的天堂。

在绿城的东、北两个方向，还能辨别出清晰的田垄和民居院落的格局，那就是古代屯田区的遗址。由西南向东北还有一条宽2米的大型水渠贯穿整个遗址中心地区。排列整齐的沙枣树，树下的碾盘，像刚卸去拉磨的驴儿。一低头，满地都是夹砂粗红陶和红底黑彩的彩陶片，随随便便就翻拣出一两枚铜钱根本不是新鲜事。可是天阴下来，一阵风吹过，缕缕白沙腾起，那可真让人脊背有些发凉。

12

令人神往的绿城——阿拉善

阿拉善盟旅行推荐——

西部梦幻峡谷：位于阿拉善左旗敖伦布拉格镇境内，非常适合有车的朋友进行大漠自助旅游。梦幻峡谷包括多处奇特景观，主要有：七彩神山、人根峰、石骆驼等。

哈布茨盖怪石林：地处阿拉善左旗北部巴彦诺日公苏木西南的大漠中，"哈布茨盖"蒙古语的意思是山谷狭长，小溪流淌的怪石山。该山山体由红褐色的"诺尔红"大理石构成，方圆约四五十公里。

红墩子峡谷：位于阿拉善右旗额日布盖苏木东南的红墩子山中，也称神秘大峡谷，长约10余公里，遍布红色及红褐色的风蚀岩石，周围地势非常隐蔽，没有当地牧人引导，一般很难寻到。

曼德林乌拉岩画：位于阿拉善左旗孟根布拉格苏木境内的曼德林乌拉山中，

岩画的造型技法有凿刻、磨刻和线刻。画面为狩猎、放牧、战斗、神佛、日月星辰、寺庙建筑、舞蹈、竞技以及游乐等。

贺兰山国家级自然保护区：在贺兰山深处，奇石倚古洞，神泉见圣水，岩画融峭壁，古寺立石刹。广宗寺、福音寺两座内蒙古西部区最大的藏传佛教寺庙坐落山中。构成了一幅幽静、清新、圣洁的自然景观。

延福寺：坐落在巴彦浩特镇王府街北侧，系原阿拉善旗八大寺之一，是内蒙古自治区重点保护的古式建筑之一。

通湖草原：主要由浩瀚的腾格里沙漠、绿草茵茵的草原、形形色色的湖泊和拔起于大漠与草原间的骆驼山等各具特色的自然资源组成。

策克口岸：策克口岸是众多的中蒙边境口岸之一，国门在一望无垠的戈壁尽头，浸没在沙漠瀚海里面。

后 记

　　本书介绍了内蒙古自治区境内各地区少数民族文化以及历史渊源，在编写和整理过程中，得到了内蒙古人民出版社的大力支持与帮助。本书在选编过程中参考了部分公共网络的相关资料、信息，在此表示诚挚的谢意！

　　在文字配图过程中，更是获得了来自各方朋友们的大力支持和赞助，他们有：

　　我的老同学：兰海云女士

　　内蒙古晨报记者：王徽女士

　　内蒙古晨报记者：李峰先生

　　星期六户外群"驴友"时光之影：董富华先生

　　星期六户外群"驴友"：李富荣女士等

　　借本书面世之时，在此向他们表示敬意和感谢。